Coopérer pour réussir

2e et 3e cycles

Scénarios d'activités coopératives pour développer des compétences

Martine Sabourin
Lucie Andreoli
Blanche Campeau
Francine Gévry
Marc Trudel

Chenelière/McGraw-Hill
MONTRÉAL • TORONTO

Coopérer pour réussir
Scénarios d'activités coopératives pour développer des compétences
2e et 3e cycles

Martine Sabourin, Lucie Andreoli, Blanche Campeau, Francine Gévry, Marc Trudel

© 2002 Les Éditions de la Chenelière inc.

Coordination : Denis Fallu
Révision linguistique : Nicole Blanchette
Correction d'épreuves : Louise Hurtubise
Conception graphique : Josée Bégin
Infographie : Studio Douville
Illustrations : François Boutet, Sébastien Bordeleau, Yves Boudreau, Josée Bégin
Couverture : Josée Bégin

Données de catalogage avant publication (Canada)

Vedette principale au titre :

   Coopérer pour réussir, 2e et 3e cycles : scénarios d'activités coopératives pour développer des compétences

   (Chenelière/Didactique. Éducation à la coopération)

   ISBN 2-89461-516-7

   1. Apprentissage – Travail en équipe. 2. Coopération – Étude et enseignement (Primaire) – Méthodes actives. 3. Éducation basée sur la compétence. 4. Enseignement primaire – Méthodes actives. I. Sabourin, Martine, 1943- II. Collection.

LB1032.C692 2001   372.13'6   C2001-941268-1

Chenelière/McGraw-Hill
7001, boul. Saint-Laurent
Montréal (Québec)
Canada H2S 3E3
Téléphone : (514) 273-1066
Télécopieur : (514) 276-0324
chene@dlcmcgrawhill.ca

ISBN 2-89461-516-7

Dépôt légal : 1er trimestre 2002
Bibliothèque nationale du Québec
Bibliothèque nationale du Canada

Imprimé et relié au Canada

2   3   4   5   A   06   05   04   03   02

Nous reconnaissons l'aide financière du gouvernement du Canada par l'entremise du Programme d'aide au développement de l'industrie de l'édition (PADIÉ) pour nos activités d'édition.

L'Éditeur a fait tout ce qui était en son pouvoir pour retrouver les copyrights. On peut lui signaler tout renseignement menant à la correction d'erreurs ou d'omissions.

DANGER
LE
PHOTOCOPILLAGE
TUE LE LIVRE

Préface

Les enseignantes et les enseignants tiennent beaucoup à établir des communautés d'apprenants dans leur classe. Ils sont désireux d'encourager un apprentissage plus actif chez leurs élèves et souhaitent permettre au plus grand nombre de réussir leurs études. Grâce à l'interaction, les élèves ont la possibilité d'acquérir des façons de comprendre et des connaissances auxquelles ils n'auraient pas accès s'ils travaillaient seuls. Tous ces objectifs jouent un rôle important dans l'actuelle réforme de l'éducation. Toutefois, les enseignantes et les enseignants ne peuvent s'attendre à atteindre de tels objectifs sans embûches car ils découvriront rapidement que mettre en application cette réforme n'est pas facile et exige des ressources souvent impossibles à trouver.

Martine Sabourin et son équipe, dans *Coopérer pour réussir, préscolaire et 1er cycle* et *Coopérer pour réussir, 2e et 3e cycle* apportent des solutions à un grand nombre de problèmes auxquels les enseignantes et les enseignants sont confrontés. Conçus par et pour des enseignants, ces deux volumes répondent à leurs besoins en classe comme peu d'ouvrages écrits par des universitaires spécialisés en pédagogie sont en mesure de le faire. Une des tâches les plus difficiles des enseignantes et des enseignants consiste à élaborer des activités qui conviennent aux groupes de coopération. Or, les présents volumes décrivent justement de nombreuses activités de coopération à la fois pratiques et dynamiques qui susciteront l'intérêt et l'enthousiasme des élèves. Plutôt que de modifier des travaux traditionnels, les auteurs ont élaboré des tâches originales qui conviennent tout particulièrement à des groupes dont les membres se parlent et travaillent ensemble. Ces tâches font appel à un vaste éventail d'habiletés intellectuelles et permettent à un plus grand nombre d'élèves d'apporter une importante contribution à leur groupe.

Chaque activité est accompagnée de réponses à un bon nombre de questions que les enseignantes et les enseignants se posent dans l'exercice de leur profession et qui touchent, par exemple, la façon de présenter une nouvelle activité aux élèves, la façon d'organiser les groupes, le rôle de chaque élève au sein de son groupe, la façon d'enseigner les nouveaux comportements de coopération tout en couvrant les matières au programme et la façon d'évaluer le travail des membres de chaque groupe et des groupes euxmêmes. Les auteurs ont répondu à ces questions pour chacune des activités proposées.

Sachant que les enseignantes et les enseignants ont une lourde tâche à accomplir et qu'ils disposent de peu de temps pour se préparer, les auteurs ont conçu pour chaque activité des pages reproductibles destinées aux élèves. Les enseignantes et les enseignants sauront exactement quel matériel ils devront préparer pour chaque activité et quelles feuilles reproductibles ils devront utiliser.

Les auteurs fournissent des suggestions particulièrement utiles en ce qui a trait aux rétroactions avec la classe lorsque le travail en groupes est terminé. Les enseignantes et les enseignants y trouveront, entre autres, des questions à discuter avec chaque groupe concernant le contenu du travail. Une section à part renferme d'excellentes questions à soulever au sujet du processus de coopération adopté pour chaque type de tâche. Les élèves sont ainsi amenés à prendre conscience de leurs habiletés à travailler en groupe et apprennent à développer un esprit critique à l'égard du processus de coopération et à comprendre les habiletés qu'ils doivent acquérir pour travailler avec les autres de façon efficace.

Les activités sont adaptées au niveau d'âge des élèves, et ce même pour des élèves trop jeunes pour savoir bien lire. En outre, les compétences et les connaissances que l'expérience du travail en groupe permet d'acquérir sont indiquées au début de chacune d'elles. Par conséquent, les enseignantes et les enseignants qui craignent que l'attention portée au processus de coopération l'emporte sur les objectifs mêmes du programme pourront facilement choisir des activités qui les aideront à atteindre des objectifs communs aux deux.

Les enseignantes et les enseignants découvriront dans les deux volumes de *Coopérer pour réussir* une aide pratique et originale pour leur travail en classe. Grâce à ces outils, ils devraient pouvoir réaliser quelques-uns de leurs buts les plus chers en matière de pédagogie scolaire. Ils assisteront ainsi à l'éveil intellectuel et social de leurs élèves de toutes sortes de manières qu'ils n'auraient jamais crues possibles.

Elizabeth G. Cohen
Professeur émérite
Faculté d'éducation
Département de sociologie
Université Stanford

Remerciements

Nous tenons à remercier les personnes qui de près ou de loin ont contribué à l'enrichissement de ce livre, par le respect qu'ils nous ont témoigné et leurs encouragements à poursuivre ce projet.

Un merci à nos proches qui nous ont apporté un soutien précieux ainsi qu'aux élèves qui ont été la première raison d'être de cet ouvrage et qui nous ont manifesté avec tant d'intérêt leur plaisir de travailler en coopération.

Un grand merci aux enseignants et enseignantes qui ont lu, expérimenté, commenté et critiqué de façon constructive nos scénarios d'activités. Mentionnons ici les enseignants et enseignantes de la Commission scolaire de Montréal, des écoles Champlain, Hélène-Boullé, Iona, Ludger-Duvernay, Marguerite-Bourgeoys, et du Centre des enseignants et des enseignantes. Ajoutons les enseignants et enseignantes de la Commission scolaire de la Pointe-de-l'Île, des écoles Alphonse-Pesant (Sandy Pellerin et Sylvain Geneau), Saint-Marcel et Sainte-Gertrude (France Morin), de la Commission scolaire de Saint-Hyacinthe, de l'école St-Damase (Johanne Bissonnette et Sophie Pepin), de la Commission scolaire des Grandes-Seigneuries, de l'école Saint-Jean-Baptiste (Jovette Brunet et Guylaine Berthelot), de la Commission scolaire des Patriotes, de l'école Les Marguerites (Nicole Lemaire), ainsi que de la Commission scolaire de l'Énergie, de l'école La Croisière (Diane Trudel).

Merci également à Robert Paré, directeur de l'édition, collégial, universitaire et didactique, à Martine Des Rochers, éditrice, ressources didactiques, de même qu'à Denis Fallu, chargé de projets, chez Chenelière/McGraw-Hill, qui nous ont assistés dans ce projet et nous ont gratifiés de leurs conseils judicieux.

Avant-propos

« Aimer un être, c'est attendre de lui quelque chose d'indéfinissable, d'imprévisible et c'est en même temps lui donner le moyen de répondre à cette attente. Le succès de toute éducation réussie tient en ces quelques lignes. »

(Émile Robichaud, *Agora*, nov. 1995, vol. 3, n° 2)

La formation continue des enseignants est multiforme. Elle prend de plus en plus en compte les besoins et les intérêts des enseignants à travers des interventions diverses plus appropriées et selon un développement professionnel personnalisé. Elle constitue en quelque sorte une formation sur mesure destinée à favoriser une meilleure compréhension des changements à opérer, et à faciliter leur exécution. Les recueils ***Coopérer pour réussir*** en sont un témoignage. En effet, ils représentent l'aboutissement d'un projet étalé sur une année dont le but premier a été la formation continue à la coopération par l'écriture de scénarios d'activités coopératives ; par la suite, il a été possible de passer à un autre niveau, soit l'analyse et la compréhension de cette approche. Par ce biais, les auteurs se sont familiarisés avec le programme de formation de l'école québécoise en faisant une brève incursion dans le monde des compétences. Cette étape leur a permis d'observer une grande compatibilité entre ces deux approches en ce qui concerne les élèves appelés à construire leurs apprentissages. Dans une telle situation, les élèves posent des questions, prennent des risques, font des choix, procèdent par essais et erreurs, participent à des échanges avec leurs pairs, apprennent à penser et à communiquer ce qui se passe dans leur tête, font des descriptions en faisant des liens avec la vie courante et leurs connaissances actuelles pour parvenir à un apprentissage riche et transférable. Chacune et chacun des auteurs, selon son cheminement et son vécu personnel et professionnel, a contribué à rendre ces recueils riches de sens et d'originalité en proposant des situations qui amèneront les élèves à se parler et à travailler ensemble en vue de construire des savoirs signifiants.

La préparation des recueils a permis d'établir un réseau de collègues pour créer, réfléchir, agir et interagir. Ce réseau a favorisé le développement professionnel des participants puisque, en s'utilisant mutuellement comme personnes-ressources, ils se sont apporté le soutien nécessaire pour vivre le changement souvent déstabilisant et apprivoiser de nouvelles façons de faire. Vivre soi-même le mode de rapport vécu en coopération, créer collectivement du sens dans la prise en charge du milieu est une façon prioritaire de développer l'esprit que soustend l'approche coopérative. Bien que la structure à la base puisse faciliter le travail, il reste que c'est le lien social de coopération entre les personnes qui confère à l'œuvre commune sa plus grande qualité.

En tant qu'initiatrice et accompagnatrice du projet, j'ai proposé à ces enseignants d'institutions diverses et de fonctions différentes de considérer ce défi comme un facteur de motivation à aller plus loin, puisqu'il allait leur permettre d'expliciter des savoirs dans ce domaine en plus de développer de nouvelles compétences. Leur enthousiasme s'est manifesté sous diverses formes et à des degrés divers. Certains réalisaient là un rêve personnel en contribuant à la production d'un écrit ; d'autres mettaient l'accent sur l'accomplissement professionnel. Peu importe sa source, la motivation engendre toujours cette énergie et cette force indispensables pour mener un projet à terme et dépasser l'impuissance ressentie à certains moments. L'expérience n'a pas toujours été facile. Le rôle d'auteure et d'auteur venait s'ajouter aux divers rôles que nous sommes appelés à jouer dans la vie : conjointe ou conjoint, mère ou père, apprenante ou apprenant et enseignante ou enseignant. Les auteurs ont navigué selon les situations en conciliant leurs diverses responsabilités et en gardant le cap sur l'aboutissement du projet et ses retombées dans leur pratique professionnelle et celle de leurs collègues de l'enseignement. Ce type de formation que l'on se donne entre pairs enseignants s'est élargi à d'autres enseignants qui ont lu et expérimenté les scénarios et ont fourni une rétroaction.

Comme formatrice, je veux rendre un hommage particulier aux auteurs de ces recueils et leur faire part de toute mon admiration pour leur dynamisme, leur courage, leur persévérance, leur générosité et leur patience à « remettre sans cesse sur le métier pour polir et repolir» les ouvrages, avec tout ce que cela comporte d'efforts, de renoncement, de recommencement et de dépassement, et ce, en plus de tout ce que peut demander la fonction d'enseignant. La conscience de pouvoir faire émerger chez les jeunes le plaisir d'apprendre, éveiller à la responsabilité et à la liberté d'agir, faire naître la confiance en l'autre différent de soi, susciter la non-violence dans les interrelations et développer la compétence à s'actualiser dans un projet de vie personnelle et professionnelle est heureusement venue à bout de la lassitude et de l'essoufflement ressentis certains jours.

Écrire ces ouvrages a nécessité de plus diverses compétences : informatique, écriture, apprentissage coopératif, construction d'un produit réutilisable dans les classes, conception d'activités permettant la coopération au cœur des apprentissages scolaires, expérience de formation en groupe à l'intérieur d'un réseau d'échanges, réflexion sur le nouveau programme et gestion des apprentissages en lien avec la Réforme actuelle et nombre d'autres encore. La richesse issue de tant d'efforts est maintenant étalée dans ces recueils à l'intention de quiconque veut prendre position face au changement, c'est-à-dire «le choisir plutôt que de le subir», à l'instar des auteurs.

Les auteurs vous invitent donc à participer avec eux à une application et à une réflexion autour des scénarios qu'ils ont mis au point avec enthousiasme, bien sûr, mais aussi avec un regard critique, une grande souplesse, une capacité d'adaptation ainsi qu'un immense respect pour les élèves qui s'ouvriront à de nouveaux apprentissages et, qui sait, peut-être même à de nouvelles valeurs. C'est toujours une source d'inspiration très grande pour les élèves que de constater l'engagement de leur enseignante ou de leur enseignant dans des apprentissages.

Toute l'équipe qui a contribué à la réussite de ce projet, notamment les auteurs, les partenaires, les accompagnateurs, les expérimentateurs et les lecteurs d'occasion souhaitent que ces recueils donnent lieu à un prolongement qui souligne l'importance du développement professionnel enseignant, de la communication des savoirs d'expérience par les personnes qui agissent sur le terrain et de la détermination à avancer à petits pas dans une Réforme qui oblige à se serrer les coudes en procédant ensemble à des résolutions de problèmes complexes. Voilà une excellente occasion de resserrer les liens entre tous les partenaires engagés dans ce projet et qui fait croire encore une fois qu'ensemble nous sommes meilleurs, car «l'éducation est une immense chaîne de transmission dont chaque maillon doit être le moins imparfait possible» (Claude Desjardins, *Vie pédagogique*, nº 92).

Martine Sabourin

Table des matières

Tableau des compétences et des domaines généraux
de formation contenus dans les activités du 2ᵉ et 3ᵉ cycle

				Les domaines généraux de formation				
				1. Santé et bien-être	2. Orientation et entrepreneuriat	3. Environnement et consommation	4. Médias	5. Vivr-ensemble et citoyenneté
Les compétences disciplinaires	Langues	Français, langue d'enseignement	1 - Lire des textes variés		4	1, 8	17	15, 22
			2 - Écrire des textes variés		14	37	16, 19	25, 30
			3 - Communiquer oralement			11		
			4 - Apprécier des œuvres littéraires		36			
		Anglais, langue seconde	1 - Interagir oralement en anglais					
			2 - Réinvestir sa compréhension d'un texte lu et/ou entendu					
			3 - Écrire des textes					
	Mathématique, sciences et technologie	Mathématique	1 - Résoudre une situation-problème mathématique		9, 24			34, 35
			2 - Raisonner à l'aide de concepts et de processus mathématiques					5
			3 - Communiquer à l'aide du langage mathématique					10
		Sciences et technologie	1 - Proposer des explications ou des solutions à des problèmes d'ordre scientifique ou technologique		38	28		
			2 - Mettre à profit les outils, objets et procédés de la science et de la technologie			12		
			3 - Communiquer à l'aide des langages utilisés en science et en technologie	26, 39				
	L'univers social	Géograpie, histoire et écucation à la citoyenneté	1 - Lire l'organisation d'une société sur son territoire		6	2, 21		
			2 - Interpréter le changement dans une société et sur son territoire					
			3 - S'ouvrir à la diversité des sociétés et de leur territoire			3		
	Arts	Art dramatique	1 - Inventer des séquences dramatiques				27	
			2 - Interpréter des séquences dramatiques					
			3 - Apprécier des œuvres théâtrales, ses réalisations et celles de ses camarades					

Tableau des compétences et des domaines généraux de formation contenus dans les activités du 2ᵉ et 3ᵉ cycle (suite)

			1. Santé et bien-être	2. Orientation et entrepreneuriat	3. Environnement et consommation	4. Médias	5. Vivre-ensemble et citoyenneté
			Les domaines généraux de formation				
Les compétences disciplinaires	**Arts (suite)**	**Arts plastiques**	1 - Réaliser des créations plastiques personnelles				
			2 - Réaliser des créations plastiques médiatiques		23		18	
			3 - Apprécier des œuvres d'art, des objets culturels du patrimoine artistique, des images médiatiques, ses réalisations et celles de ses camarades				32	
		Danse	1 - Inventer des danses					
			2 - Interpréter des danses					
			3 - Apprécier des œuvres chorégraphiques, ses réalisations et celles de ses camarades					
		Musique	1 - Inventer des pièces vocales ou instrumentales					
			2 - Interpréter des pièces musicales					
			3 - Apprécier des œuvres musicales, ses réalisations et celles de ses camarades					
	Développement personnel	**Éducation physique et à la santé**	1 - Agir dans divers contextes de pratique d'activités physiques					
			2 - Interagir dans divers contextes de pratique d'activités physiques					
			3 - Adopter un mode de vie sain et actif					
		Enseignement moral	1 - Comprendre des situations de vie en vue de construire son référentiel moral	20				7, 29
			2 - Prendre position, de façon éclairée, sur des situations comportant un enjeu moral					13
			3 - Pratiquer le dialogue moral					
		Enseignement moral et religieux catholique	1 - Apprécier la tradition catholique vivante					
			2 - Prendre position, de façon éclairée, sur des situations comportant un enjeu moral				33	31

Introduction

Qu'est-ce que *Coopérer pour réussir*?

Les recueils *Coopérer pour réussir* contiennent des scénarios d'apprentissage coopératif s'insérant dans les apprentissages scolaires à réaliser en salle de classe et tenant compte du développement de compétences. Nous n'avons pas la prétention d'avoir atteint la pleine compréhension de ce qui est au cœur du nouveau curriculum et de la Réforme; cependant, nous nous en sommes inspirés pour la planification et l'élaboration des activités d'apprentissage avec un grand désir de mettre les élèves en action dans des situations diverses, de développer le sens de l'équipe dans des rapports personnels égalitaires et de permettre par l'interaction une dynamique stimulante pour soutenir la réussite de tous les élèves. Le titre choisi, *Coopérer pour réussir*, illustre bien notre préoccupation de faire en sorte que le moins de personnes possible soient exclues de la réussite à l'école. Nous avons mis à profit une expertise développée en formation, celle de concevoir des scénarios d'apprentissage coopératif qui, parce qu'ils amènent les élèves à parler et à travailler ensemble, autrement dit à coopérer, leur permettent de s'approprier des savoirs, des habiletés et des capacités qui, espérons-le, se transformeront en compétences.

L'application des scénarios d'apprentissage coopératif vise à transformer la classe en communauté d'apprentissage tout en gardant les élèves axés sur l'aspect social de l'acte d'apprendre. Les thématiques signifiantes et interactives qui y sont présentées regroupent les élèves autour d'un but commun et font appel à leur responsabilité personnelle, à l'interdépendance dans leurs rapports, à la pratique d'habiletés sociales et intellectuelles ainsi qu'à une rétroaction sur les apprentissages effectués et le processus de coopération lui-même. Ces composantes sont caractéristiques de la coopération. Le vécu de situations signifiantes encourage l'initiative et l'autonomie et permet aux élèves de construire leur réalité et leurs savoirs dans l'interaction avec les autres au moyen de stratégies appropriées. Nous croyons fortement que par l'interaction, les élèves peuvent davantage comprendre, apprendre et réussir. C'est également un lieu pour susciter la motivation et pour développer les diverses facettes de l'intelligence.

À qui s'adresse *Coopérer pour réussir*?

Les activités des recueils *Coopérer pour réussir* s'adressent aux élèves qui satisfont aux exigences de leur niveau, mais qui ont déjà vécu une initiation pratique à la coopération; ces élèves sont par conséquent capables de faire un pas de plus en coopération dans des apprentissages scolaires. Bien que les scénarios soient conçus en fonction de certains cycles plus particulièrement, plusieurs enseignants, lors de l'expérimentation, ont constaté qu'il était possible de transposer le cadre des activités afin de les adapter à différentes situations. Il suffit de laisser aller son imagination pour les utiliser avec d'autres niveaux d'enseignement, soit en faisant varier les apprentissages ou les réalisations qu'ils proposent, soit en haussant les exigences.

Comment se présente chaque scénario?

Chaque scénario comporte l'énoncé de l'**activité d'apprentissage** suivi des **compétences et des domaines ciblés**. En effet, chaque activité trouve son point de départ dans les compétences à développer, compétences consignées au Programme de formation de l'école québécoise et relevant des disciplines autant que de la transversalité dans les domaines généraux de formation à travers lesquelles s'inséreront parfois des contenus. Tous ces éléments s'imbriquent de façon systémique lors de la réalisation de l'activité.

Par la suite, les parties «Préparation», «Activité» et «Considérations» décrivent en détail en quoi consiste l'activité.

La partie «Préparation» permet à l'enseignante de visualiser les procédures à mettre en place et de les organiser. Ainsi, elle peut préparer le matériel, voir à la formation des groupes, s'assurer de la structure de l'activité et fournir les préalables nécessaires aux élèves pour favoriser la réussite de l'activité et des apprentissages à réaliser. Pour faciliter l'observation, nous avons ciblé des aspects susceptibles de se manifester lors des activités. L'enseignante pourra les utiliser et, si elle le souhaite, consigner ses observations dans une grille fournie en annexe; ces observations deviendront des informations importantes pour évaluer les apprentissages et fournir de la rétroaction.

La partie « Activité » comporte trois points : l'amorce, le déroulement de l'activité et la rétroaction. En amorce, nous proposons des gestes pédagogiques, des situations susceptibles d'engager les élèves dans l'activité pour les amener à vivre avec autonomie et motivation le déroulement en groupe. Les tâches que les élèves doivent exécuter sont énumérées de façon simple, facile à lire et à comprendre ; l'enseignante peut remettre la liste écrite des tâches aux groupes qui ont besoin de plus de précisions. Avec les plus jeunes, dont la capacité de lire est limitée, l'enseignante s'occupera de faire un rappel auprès des groupes qui ont compris la tâche.

Pendant le déroulement de l'activité, l'enseignante dresse une liste de faits et d'observations en vue de la rétroaction, afin d'enrichir ce moment si important de l'objectivation. Les manifestations observées lors de la préparation ont fourni des pistes quant à deux aspects très importants de la coopération : les apprentissages, en lien avec les compétences à développer, et le processus de coopération, c'est-à-dire ce qui a aidé les groupes à travailler ensemble, à s'entraider, à interagir, à apprendre. Ce moment de rétroaction est essentiel à la démarche, car c'est le moment qui va permettre aux jeunes de nommer les apprentissages réalisés, de les retenir, de les intégrer et de les transférer. C'est cette rétroaction qui rend possible le processus de métacognition.

Dans la partie « Considérations », des conseils et suggestions viennent enrichir le réinvestissement des activités. À vous de les enrichir également au moyen de vos expériences vécues. Comme certaines activités nécessitent des fiches ou d'autres outils, nous avons inclus des feuilles reproductibles pour faciliter l'application du scénario avec les élèves.

Il ne nous reste qu'à vous souhaiter du plaisir à vivre ces activités avec vos élèves et à les enrichir de votre savoir et de vos compétences. Notre plus grand souhait est que vous parveniez à bâtir avec vos élèves cette communauté d'apprenants à la recherche de la vérité dans le dialogue, le plaisir, la coopération et l'apprentissage, et que les recueils *Coopérer pour réussir* soient des instruments de votre réussite.

Bonne coopération !

ACTIVITÉ 1

Les animaux me parlent

✪ **Compétence disciplinaire**
Lire des textes variés.

Composante
L'élève utilise le contenu des textes à diverses fins.

✪ **Domaine d'apprentissage**
Français, langue d'enseignement

Activité d'apprentissage
Classifier les animaux selon leur alimentation.

✪ **Domaine général de formation**
Environnement et consommation

L'axe de développement porte sur la présence à son milieu, notamment sur la sensibilité à l'environnement naturel et humain.

✪ **Compétence transversale d'ordre intellectuel**
Exploiter l'nformation.

Composante
L'élève s'approprie l'information.

Préparation

Matériel	***Pour l'enseignante :*** • feuille reproductible 1.1, «Retour sur l'activité» • feuille reproductible 1.2, «Autoévaluation» ***Par équipe :*** • grande feuille pour le «Graffiti collectif : les types d'alimentation des animaux» • documents sur les animaux • affiches diverses sur les animaux ***Par élève :*** • crayon à mine
Structure coopérative	Graffiti collectif
Formation des groupes	Équipes de base
Préalables	L'enseignante choisit un texte de lecture qui a comme sujet la nourriture et les habitudes de vie des animaux afin d'introduire le sujet des classes d'animaux et d'expliciter le sens des mots choisis. Lors de la lecture, elle demande aux élèves de remplir un tableau de collecte de données. Les élèves pourront ensuite faire une recherche à partir de livres, affiches, articles, etc., afin d'en apprendre un peu plus sur les animaux et leurs moyens de subsistance. On peut utiliser le texte sur le panda, disponible à l'adresse Internet suivante : ahorth-1006.htm afin de familiariser les élèves avec cette classification.

Omnivore / Insectivore / Carnivore / Herbivore

L'enseignante mentionne qu'il faudra porter attention aux besoins des autres tout au long de l'activité, s'encourager et s'aider à se rappeler.

Pour le graffiti collectif, prévoir de grandes feuilles de type tableau de conférence ou toutes autres feuilles qui ont un grand format. Préparer une feuille par groupe comme le modèle en marge.

Compétence disciplinaire
- classer des éléments d'information issus d'un texte à l'aide d'outils de consignation relativement simples ;
- structurer les éléments d'information à l'aide de tableaux.

Compétence transversale
- valider l'information recueillie ;
- consulter des sources variées.

Activité

Amorce

L'enseignante pose des questions comme les suivantes aux élèves :
- Les humains se nourrissent-ils différemment des animaux ?
- Quelles sont les différences et les ressemblances entre la façon de nous alimenter et celle des animaux ?

L'enseignante fait chercher individuellement les élèves et elle anime une mise en commun des réflexions.

Déroulement de l'activité

Les élèves effectuent les tâches suivantes :
- se regrouper en groupe de coopération pour le partage d'informations ;
- au signal de l'enseignante, remplir la section de tableau du graffiti collectif qui est devant soi en écrivant le nom des animaux qui correspondent à ce type d'alimentation ;
- au signal suivant, tourner la feuille d'un quart de tour et remplir la section suivante ; procéder de la même façon pour les quatre sections ;
- quand la feuille est remplie, lire les noms des animaux inscrits dans chacune des sections ;
- les lire un à la fois ; chaque élève inscrit ses initiales à côté des animaux nommés s'il est d'accord ; sinon ou s'il ne sait pas, il n'écrit rien ;
- compléter chacune des sections et poser des questions au besoin ;
- encercler dans la section qui est devant soi les noms des animaux qui portent les initiales de trois élèves ;
- sur une feuille de collecte des données, écrire les noms d'animaux encerclés ;
- quand tous les membres de l'équipe ont terminé la lecture, afficher les résultats.

Rétroaction

Sur les apprentissages
L'enseignante invite les élèves à faire un retour sur l'activité (feuille reproductible 1.1).

Sur le processus de coopération
L'enseignante demande aux élèves de faire une autoévaluation (feuille reproductible 1.2).

Considérations

Les élèves peuvent créer des fiches signalétiques pour les animaux trouvés en vue de constituer un fichier pour la classe. Ce fichier pourrait servir à l'élaboration d'un projet. Le site Internet des Débrouillards offre un plan de travail déjà élaboré avec questionnement, consignation des données. Vous trouverez ces renseignements à l'adresse suivante :
www.lesdebrouillards.com/Activites/activites/t41.asp?ap16données etc.

Retour sur l'activité

Avant l'activité, je savais ceci : _____

_____

_____

_____

_____

_____

Maintenant, je sais ceci : _____

_____

_____

_____

_____

_____

Que vais-je faire de ces informations ? _____

_____

_____

_____

_____

_____

_____

Autoévaluation

	Oui	Non
J'ai lu des informations.		
J'ai posé des questions afin de comprendre le point de vue de l'autre.		
J'ai bien expliqué mon point de vue.		
J'ai écouté l'idée de l'autre.		
J'ai demandé de l'aide.		
J'ai offert de l'aide.		
J'ai tourné la feuille calmement.		

ACTIVITÉ 2

Le calendrier

⭐ **Compétence disciplinaire**

Lire l'organisation d'une société sur son territoire.

Composante

L'élève établit des liens entre des caractéristiques de la société et l'aménagement de son territoire.

Activité d'apprentissage

Lire un calendrier et comprendre son fonctionnement.

⭐ **Domaine d'apprentissage**

Domaine de l'univers social

⭐ **Compétence transversale d'ordre intellectuel**

Résoudre des problèmes.

Composante

L'élève analyse les éléments de la situation.

⭐ **Domaine général de formation**

Environnement et consommation

L'axe de développement porte sur la présence à son milieu, notamment sur l'identification des liens entre les éléments propres à un milieu local ou régional, à une saison.

Préparation

Matériel	*Pour l'enseignante:*

Pour l'enseignante:
• feuille reproductible 2.1, « L'histoire du calendrier »
Par équipe:
• calendrier divisé en deux parties: de janvier à juin et de juillet à décembre
• feuille reproductible 2.2, « Questions, série A »
• feuille reproductible 2.3, « Questions, série B »

• gommette bleue
• jetons de couleur pour les rôles (1 bleu, 1 jaune, 1 rouge, 1 vert)

Structure coopérative
• partage des rôles
• partage du matériel
• chacun son tour

Formation des groupes
• groupes de base
• deux sous-groupes

Préalables   Pour rendre une amorce plus intéressante, l'enseignante peut se procurer des illustrations de Jules César et du pape Grégoire XIII afin d'animer la causerie sur l'histoire du calendrier. Elle peut transformer ces illustrations en marionnettes à tige ou en avoir plusieurs afin de composer une murale avec les élèves.

L'enseignante doit préparer les calendriers avant l'activité. Il suffit d'agrafer ou d'assembler les sections de calendrier destinées à chaque sous-groupe (de janvier à juin et de juillet à décembre). Elle doit aussi photocopier les feuilles reproductibles 2.2 et 2.3 et les découper.

Les quatre rôles utilisés sont:
• Responsable du matériel: distribue et ramasse le matériel (jeton bleu).
• Intermédiaire: la seule personne qui est autorisée à se lever pour poser des questions à une autre équipe ou à l'enseignante si aucune équipe n'a pu apporter de l'aide (jeton jaune).
• Responsable de la voix: rappelle de garder un ton de voix qui favorise le travail (jeton rouge).
• Gardien de la tâche: s'assure que la tâche est comprise, rappelle les consignes à exécuter (jeton vert).

Avant de commencer l'activité, l'enseignante distribue dans chaque groupe 4 jetons de couleur (bleu, jaune, rouge, vert) pour déterminer la répartition des rôles. Les élèves en prennent un chacun. L'enseignante énumère les rôles correspondant à chacune des couleurs. Elle indique aussi les couleurs qui doivent s'associer pour former des sous-groupes : bleu et jaune, rouge et vert.

Pistes d'observation	**Compétence disciplinaire**

Compétence disciplinaire
- exprimer ses perceptions initiales à l'égard de composantes de la société et de son territoire ;
- se questionner sur l'organisation de la société et sur l'aménagement de son territoire.

Compétence transversale
- déterminer les éléments de la situation-problème ;
- établir des liens entre les éléments ;
- tenir compte des exigences.

Activité

Amorce

Afin de susciter l'intérêt des élèves pour l'activité, l'enseignante leur propose un retour dans le passé pour rencontrer les inventeurs du calendrier. (*Voir* la feuille reproductible 2.1, « L'histoire du calendrier... »)

Déroulement de l'activité

Les enfants effectuent les étapes suivantes :
- prendre le matériel requis pour un groupe de base ;
- distribuer le calendrier de janvier à juin et la feuille reproductible 2.2, « Questions, série A » à un sous-groupe : distribuer le calendrier de juillet à décembre et la feuille reproductible 2.3, « Questions, série B », à l'autre sous-groupe ;
- placer les questions au centre de la table. C'est la pioche ;
- piger une question à tour de rôle ;
- lire la question à voix haute; avec leur partenaire, discuter pour trouver où se trouve la réponse à la question dans le calendrier (sur un mois, un jour, une date) ;
- coller la question au bon endroit à l'aide de gommette ;
- piger une question à tour de rôle jusqu'à ce qu'il n'en reste plus ;
- remettre les calendriers à l'enseignante pour la correction.

Rétroaction

Sur les apprentissages

L'enseignante pose les questions suivantes aux élèves :
- Comment avez-vous trouvé l'activité ?
- Trouvez-vous difficile de vous repérer dans le temps ? Si oui, en quoi était-ce difficile ?
- Quels indices vous aidaient à vous repérer ? (Les mois, par exemple.)
- Les mois commencent-ils toujours le même jour de la semaine ?
- Les mois ont-ils toujours le même nombre de jours ?
- Quelles illustrations ont été aidantes ? Quelles illustrations vous ont causé problème ?
- Est-ce qu'on utilise le même calendrier en Europe ?
- Les gens de religions différentes utilisent-ils des calendriers différents ?
- Qu'est-ce que vous avez appris dans cette activité ?

Sur le processus de coopération

L'enseignante désigne un coin de la classe et invite les élèves qui sont satisfaits de leur travail à s'y regrouper ; elle désigne un autre coin pour ceux qui sont plus ou moins satisfaits. Elle invite alors chaque groupe à s'exprimer sur le « pourquoi » de leur satisfaction ou de leurs insatisfactions.

Considérations

Une deuxième activité sur le calendrier suit celle-ci.

L'histoire du calendrier[1]

Le calendrier est né du besoin pour les hommes de planifier l'agriculture, de prévoir les migrations et de maintenir l'ordre social.

Notre calendrier actuel, le calendrier grégorien, doit son nom au pape Grégoire XIII qui a fait établir les règles de cette nouvelle façon de calculer le temps en 1582. Grégoire avait pour tâche d'améliorer un calendrier beaucoup plus ancien, le calendrier julien, établi par Jules César autour des années 46 av. J.-C.

Le calendrier julien

Le calendrier julien a été créé en 46 av. J.-C. par Jules César qui voulait instaurer un système de calendrier fiable. Il instaura donc un calendrier composé de 12 mois et d'une durée de 365 jours. Sur les conseils de l'astronome Alexandre Sosigènes, il ajouta cette règle : une journée tous les quatre ans sera ajoutée au calendrier. Cette règle avait pour but de respecter le cycle des jours et de la rotation de la Terre autour du Soleil.

Avant l'intervention de Jules César, le calendrier était modifié selon les besoins politiques. Au Sénat, on votait le nombre de jours pour la prochaine année ! Pour corriger les erreurs provoquées par ces choix aléatoires, les empereurs ou les dirigeants du peuple devaient modifier l'année en cours afin de replacer les saisons aux bons mois. Ainsi, Auguste avait aboli les années bissextiles entre les années 4 av. J.-C. et 4 apr. J.-C. !

Malgré cette amélioration, le calendrier julien demeurait imprécis. Il perdait 11 minutes par année. Sur une longue période, cet écart était énorme. L'équinoxe du printemps arrivait de plus en plus tôt. Cette date était importante car elle servait à fixer la date de Pâques.

Le calendrier grégorien

Voilà que survient la réforme grégorienne ! En 1582, l'équinoxe du printemps était en avance de 10 jours – soit le 11 mars au lieu du 21 mars. Pour demeurer cohérent avec la règle qui détermine la Pâques chrétienne, le pape a tout simplement ôté 10 jours dans le calendrier de 1582. Ainsi, le jeudi 4 octobre les gens se sont couchés... et au lever, on était le 15 octobre !

Depuis ce temps, afin d'éviter d'autres erreurs de ce genre, on instaura la règle suivante : chaque année exactement divisible par 4 sera une année bissextile, sauf pour les années exactement divisibles par 100 ; ces années seront bissextiles seulement si elles sont divisibles par 400 en plus.

1. Texte adapté du site Internet : andromede.phy.ulaval.ca/paques.html

Questions, série A

À quelle date et à quel mois débute l'an chinois ?

Nous aurons une journée de congé au mois de mai. Peux-tu la trouver ?

Trouve une fête en mars.

Quand fêterons-nous la fête des Mères ?

À quel mois commencent les vacances d'été ?

Combien y a-t-il de jours en février ?

À quelle date et à quel mois débute l'été ?

À quelle date fêterons-nous Pâques ?

Trouve une fête bouddhiste, comme la fête de Vesah.

Quel jour fêterons-nous la fête des Pères ?

Quand fêterons-nous la Saint-Valentin ?

Il y a une fête qui s'appelle fête des Rois ou l'Épiphanie. C'est une fête religieuse. Peux-tu la situer sur le calendrier ?

Questions, série B

Trouve un mois qui a trente jours.	À quel mois a lieu la rentrée scolaire ?
Peux-tu trouver une fête religieuse juive ou musulmane en décembre ?	Trouve la fête du Rosh Hachana. C'est une fête juive.
Quel jour fêteras-tu l'Halloween ?	L'Action de grâce est la fête des récoltes. À quel mois la fêterons-nous ?
Trouve un mois qui a un vendredi 13.	Combien de jours y a-t-il dans le mois de novembre ?
À quel mois débute l'automne ?	Quand commence l'hiver ? Indique la date et le mois.
En septembre, il y a une fête qui te permet d'avoir un congé. Laquelle ?	La fête nationale du Canada se célèbre en juillet. Peut-tu trouver la date ?

ACTIVITÉ 3

Fabriquons des calendriers

⭐ **Compétence disciplinaire**

S'ouvrir à la diversité des sociétés et de leurs territoires.

Composante

L'élève dégage les principales ressemblances et différences entre les sociétés et entre leurs territoires.

⭐ **Domaine général de formation**

Environnement et consommation

L'axe de développement porte sur la présence à son milieu.

Activité d'apprentissage

Fabriquer des calendriers pour se rappeler des dates importantes en lien avec les intérêts et les besoins, selon trois thèmes : date d'anniversaire des élèves de la classe, date des fêtes religieuses des différents peuples ou nations, congés scolaires.

⭐ **Domaine d'apprentissage**

Domaine de l'univers social

⭐ **Compétence transversale d'ordre méthodologique**

Se donner des méthodes de travail efficaces.

Composante

L'élève accomplit la tâche.

Préparation

Matériel	***Par équipe :*** • cartons vert, bleu, jaune et rouge pour la répartition des rôles • bristol • crayons-feutres : 1 jaune, 1 vert, 1 orange, 1 bleu • crayon à mine et gomme à effacer • attache parisienne	• ciseaux • feuille reproductible 3.6 • feuille reproductible 3.1 • feuille reproductible 3.2 • 2 exemplaires de chacune : feuilles reproductibles 3.3, 3.4 et 3.5 ***Par élève :*** • feuille reproductible 3.7

Structure coopérative	Partage des rôles	
Formation des groupes	• groupes de base	• groupes d'experts

Préalables En tout premier lieu, l'enseignante trace sur du carton bristol les roulettes servant à construire les calendriers (feuille reproductible 3.6), sans les découper. L'enseignante met divers calendriers à la portée des élèves en n'oubliant pas le calendrier scolaire de l'école. Elle installe un coin de recherche où les élèves pourront chercher et s'entraider, s'il y a lieu. Elle peut permettre l'accès à Internet à différents moments de l'activité si elle a repéré des sites intéressants et accessibles pour leur groupe d'âge. La possibilité d'avoir accès à l'ordinateur ou à d'autres sources d'information est plus importante en deuxième partie, car le travail ne s'effectue pas toujours simultanément. Avant de commencer l'activité, l'enseignante distribue les cartons qui serviront à répartir les rôles. Chaque élève recevra une feuille de tâches, soit une des feuilles reproductibles 3.1 à 3.5. Les feuilles reproductibles 3.3 à 3.5 s'adressent aux élèves qui ont les cartons vert ou jaune. Puisque les tâches diffèrent d'une feuille à une autre, il faut donc s'assurer de distribuer ces feuilles aux bonnes équipes.
Voici la répartition des rôles :
Rouge : responsable du matériel, du découpage et de l'assemblage des parties de la roulette.
Bleu : peintre pour les roulettes des mois et des saisons.
Vert : collecteur de données (*voir* feuilles reproductibles 3.3 à 3.5).

Jaune : collecteur de données (*voir* les feuilles reproductibles 3.3 à 3.5).
Placer le matériel dans des sacs identifiés selon la liste du matériel.
Prévoir avec les élèves une façon d'amasser les données recueillies.
Distribuer le matériel selon les responsabilités définies par les cartons :
Rouge : ciseaux, attache parisienne, feuille reproductible 3.6 et bristol au responsable du matériel, feuille reproductible 3.1.
Bleu : crayons-feutres, crayon à mine, gomme à effacer, feuille reproductible 3.2.
Vert : feuille pour la collecte de données, crayon à mine, feuille reproductible 3.3, 3.4 ou 3.5.
Jaune : feuille pour la collecte de données, crayon à mine, feuille reproductible 3.3, 3.4 ou 3.5.

Pistes d'observation

Compétence disciplinaire
- établir un plan pour recueillir l'information ;
- recueillir l'information ;
- choisir des outils de recherche.

Compétence transversale
- mobiliser les compétences requises ;
- gérer son matériel, son lieu de travail et son temps ;
- mener sa tâche à terme.

Activité

Amorce

L'enseignante présente l'activité aux élèves. « Voici une façon amusante et originale de ne rien oublier durant l'année. Nous allons confectionner nos propres calendriers. Maintenant que nous connaissons les éléments importants du calendrier, nous allons bien les utiliser. Comment peut-on se rappeler des anniversaires de tous et chacun dans la classe ? Quand aurons-nous un congé pédagogique ? À quand le prochain bulletin ? Nous ferons trois calendriers en tout :
- un pour les anniversaires des élèves de la classe ;
- un pour les congés pédagogiques et congés scolaires ;
- un pour les fêtes religieuses. »

L'enseignante dit qu'elle va former des groupes d'experts pour bien comprendre la tâche à exécuter.

Déroulement de l'activité

Les élèves effectuent les tâches suivantes :
- lire individuellement la feuille de consignes ;
- former des groupes d'experts (les rouges ensemble, les bleus ensemble, etc.) pour apprendre la tâche ;
- retourner dans les groupes de base et présenter la tâche aux autres membres du groupe ;
- exécuter les tâches demandées en coordonnant les diverses actions ;
- afficher les calendriers terminés.

Rétroaction

Sur les apprentissages
L'enseignante invite les élèves à présenter les contenus des calendriers.

Elle pose les questions suivantes aux élèves en vue de les amener à réinvestir les contenus :
- Est-ce que les roulettes vont vraiment nous servir durant l'année ?
- Que pouvez-vous faire pour qu'elles nous servent ?
- Comment et quand allons-nous les utiliser ?
- Quelles informations connaissiez-vous déjà ?
- Quelles informations voulez-vous retenir ?
- Quels outils de recherche vous ont été les plus utiles ?
- Quels outils vous ont servis pour recueillir l'information ?
- Qui peut présenter ces outils ?

Sur le processus de coopération
L'enseignante demande aux élèves de s'autoévaluer quant à leur participation à cette activité (feuille reproductible 3.7).

Considérations

Pour les groupes nombreux, trois calendriers ne sont pas suffisants pour la répartition des tâches. Voici quelques thèmes possibles pour d'autres calendriers :
- les événements spéciaux reliés à la nature ou aux saisons ;
- les anniversaires du personnel adulte de l'école ;
- les congés fériés.

Il suffit de modifier l'une des feuilles reproductibles 3.3, 3.4 ou 3.5 pour obtenir une feuille de consignes pour les nouvelles équipes.

Consignes pour les « rouges » (groupes de base)

Lis les consignes et réalise-les une à la fois et dans l'ordre. C'est un travail qui demande beaucoup d'attention et de précision.

Ta tâche est de construire un calendrier circulaire à trois étages. Tu travailleras à la confection du calendrier avec le membre de ton groupe qui a le carton bleu. Pendant ce temps, les membres «jaune» et «vert» chercheront les informations pertinentes pour réaliser le calendrier thématique.

1. Découpe d'abord le petit cercle; celui qui est divisé en 4.
2. Quand tu l'as découpé, passe-le au peintre (membre «bleu»).
3. Découpe le cercle moyen.
4. Trouve le point noir sur ce cercle; il indique une section de la roulette.
5. Écris «Janvier» dans cette section de la roulette.
6. Écris le nom des mois dans l'ordre à partir de janvier. ATTENTION ! Va toujours vers la droite !
7. Remplis les douze sections.
8. Quand tu as terminé, dépose le cercle au centre de la table.
9. Découpe le plus grand cercle seulement quand il est retourné au centre de la table.
10. Les membres «vert» et «jaune» doivent remplir chacun leur section des roulettes.

Aie de la patience. Reste avec ton équipe, offre de l'aide, pose des questions, essaie d'aider à résoudre les problèmes qui se posent et encourage les autres. En attendant, tu peux aussi consulter sur Internet les informations sur les divers calendriers proposés.

11. Quand les sections sont prêtes, ramasse les trois roulettes et perce le centre avec la pointe d'un compas.
12. Dépose ensuite les roulettes dans cet ordre pour les assembler :
    – la grande d'abord,
    – la moyenne par-dessus,
    – et enfin la plus petite sur le dessus.
13. Enfonce l'attache parisienne au centre de chacun des cercles.
14. Regarde avec ton groupe ce que tu peux faire avec cet outil.

Consignes pour les « bleus » (groupes de base)

Lis les consignes et réalise-les une à la fois et dans l'ordre.

Ta tâche est de construire un calendrier circulaire à trois étages.
Tu travailleras à la confection du calendrier avec le membre de ton équipe qui a le carton rouge. Les membres «jaune» et «vert» compléteront l'intérieur du calendrier en écrivant des informations précises.

1. Prends le grand cercle mais ne le découpe pas.

2. Regarde bien. Des nombres sont inscrits à l'extérieur du cercle près de chaque section. Repère ces nombres. Ils correspondent aux nombres de journées dans chacun des mois.

3. Choisis une section.

4. Trace dans cette section des petits traits qui vont représenter les jours du mois. Si le nombre de jours est 31, tu dois tracer 31 petits traits.

5. Prends la section suivante, fais le nombre de traits indiqués.

6. Continue jusqu'à ce que tu aies complété le cercle en entier.

7. Quand tu as terminé, mets le cercle au centre de la table.

8. Prends le petit cercle, celui qui est partagé en 4.

9. Colorie une des sections avec le crayon jaune.

10. Avec le crayon vert, colorie la section à droite de la section jaune.

11. Colorie en orange la troisième section, toujours en allant vers la droite.

12. Colorie la dernière section en bleu.

13. Dépose le petit cercle au centre de la table.

14. Les membres «vert» et «jaune» vont revenir avec des informations qui serviront à remplir une des sections du calendrier.
Ils t'indiqueront comment procéder.

Aie de la patience. Reste avec ton équipe, offre de l'aide, pose des questions, essaie d'aider à résoudre les problèmes qui se posent et encourage les autres.
En attendant, tu peux consulter Internet ou d'autres sources d'information.

Consignes pour les « jaunes » et les « verts » (calendrier des anniversaires des élèves)

Lis les consignes et réalise-les une à la fois et dans l'ordre.

Ta tâche est de trouver les informations nécessaires à la confection du calendrier de ton équipe. Tu dois recueillir le maximum d'informations. Tu travailleras à deux, mais tu auras ta propre part d'informations à chercher. Tu dois dresser la liste des dates d'anniversaire des élèves de la classe.

1. Demande à ton enseignante une liste des élèves de la classe.
2. Divise cette liste en deux. Tu en fais une moitié, et l'autre élève fait l'autre moitié.
3. Lis le premier nom et va voir cette personne afin de lui demander sa date d'anniversaire, si elle la connaît.
4. Écris cette date sur ta feuille, à côté du nom de la personne.
5. Lis le deuxième nom, va voir la personne et demande-lui sa date d'anniversaire. Inscris l'information sur ta feuille.
6. Interroge de cette façon toutes les personnes dont le nom apparaît sur la feuille.
7. Quand tu as terminé, retourne dans ton équipe.
8. Si le ou la peintre (carton bleu) a terminé son coloriage, travaille avec pour intégrer les informations dans le cercle moyen.
9. Reste avec ton équipe, offre de l'aide, pose des questions, essaie d'aider à résoudre les problèmes qui se posent et encourage les autres. En attendant, tu peux consulter Internet ou d'autres sources d'information.

Comment compléter le cercle moyen

1. Nomme le nom d'un ou d'une élève sur ta feuille.
2. Donne la date d'anniversaire. Le ou la peintre (carton bleu) inscrira les informations sur le cercle moyen.
3. Donne les informations jusqu'à ce que tous les élèves de ta liste soient inscrits sur le cercle moyen.

Attention! Écris à l'extérieur des hachures.

FEUILLE REPRODUCTIBLE 3.4

Consignes pour les « jaunes » et les « verts » (calendrier des fêtes religieuses ou des fêtes nationales)

Lis les consignes et réalise-les une à la fois et dans l'ordre.

Ta tâche est de trouver les informations nécessaires à la confection du calendrier de ton équipe. Tu dois recueillir le plus d'informations possible. Tu travailleras à deux, mais tu auras ta propre part d'informations à chercher. Tu dois dresser la liste des fêtes religieuses. Les fêtes religieuses ne sont pas toujours des jours de congé comme Noël. Plusieurs fêtes religieuses sont des moments qui servent à se rappeler des événements qui se sont produits il y a longtemps. Peux-tu en trouver pour différentes religions ? Tu peux aussi chercher des fêtes qui s'adressent à des peuples en particulier. Voici un exemple : la fête de l'indépendance des États-Unis. On la célèbre le 4 juillet, aux États-Unis. C'est un congé pour les Américains mais pas pour nous. Les Français, les Chinois ont aussi des fêtes qui leur appartiennent. À toi de les trouver.

Procède par sondage et entrevue ou fais des recherches dans les calendriers mis à ta disposition.

1. Prends la liste des religions.
2. Divise cette liste en deux.
3. Va voir une moitié des élèves de la classe afin de leur demander s'ils appartiennent à une religion ; si oui, laquelle.
4. Demande-leur de nommer une fête issue de leur religion, d'en donner la date et de l'expliquer s'ils en sont capables.
5. Quand tu as trouvé une fête, inscris-la sur ta feuille de collecte de données sous le mois correspondant.
6. Trouve le plus de fêtes possible.
7. Tu peux consulter les élèves de la classe, Internet, des calendriers.
8. Quand tu penses avoir tout trouvé, retourne dans ton équipe.
9. Remplis le cercle moyen avec le ou la peintre (carton bleu).

Comment compléter le cercle moyen

1. Nomme les fêtes religieuses trouvées et le mois.
2. Épelle-les pour aider le ou la peintre (carton bleu) à les écrire correctement.
3. Quand toutes les informations sont écrites, remets le cercle moyen au centre de la table.

Attention ! Écris à l'extérieur des hachures.

Activité 3 • Fabriquons des calendriers **15**

Consignes pour les « jaunes » et les « verts » (calendrier des congés scolaires)

Lis les consignes et réalise-les une à la fois et dans l'ordre.

Ta tâche est de trouver les informations nécessaires à la confection du calendrier de ton équipe. Tu dois recueillir le plus d'informations possible. Tu travailleras à deux, mais tu auras ta propre part d'informations à chercher. Tu dois dresser la liste des journées spéciales et des congés scolaires. Les journées spéciales sont celles que les élèves ne veulent surtout pas rater! Tu trouveras les informations dans le calendrier scolaire mis à ta disposition ou dans ton agenda scolaire.

Si tu es «jaune», tu cherches des informations pour les mois de janvier à juin.

Si tu es «vert», tu cherches des informations pour les mois de juillet à décembre.

1. Prends une feuille de collecte de données.

2. Cherche les informations dans le calendrier scolaire ou ton agenda.

3. Quand tu en trouves une, inscris-la sur ta feuille de collecte de données sous le mois correspondant.

4. Quand tu penses avoir tout trouvé, retourne dans ton équipe.

5. Remplis le cercle moyen avec le ou la peintre (carton bleu).

Comment compléter le cercle moyen

1. Trouve une façon originale de noter un congé dans les sections de la roulette.

2. Dicte la date (le jour et le mois) au peintre ou à la peintre.

3. Quand toutes les informations sont écrites, remets le cercle moyen au centre de la table.

Comment fabriquer les roulettes de calendriers (pour l'enseignante)

1. À l'aide d'un compas, tracer un cercle de 25 cm de diamètre. Diviser le cercle en 12 secteurs, comme sur le dessin. Inscrire à l'extérieur du cercle le nombre de jours compris dans chaque mois, dans l'ordre.

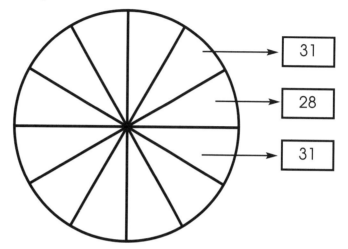

2. Tracer un cercle moyen de 20 cm de diamètre, puis le diviser en 12 secteurs égaux. Ajouter un cercle près de la bordure. Faire un point dans un des secteurs. Hachurer la partie qui sera recouverte par le petit cercle.

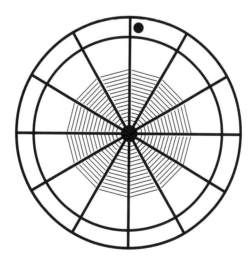

3. Tracer un petit cercle de 6 cm de diamètre et le diviser en 4 secteurs égaux.

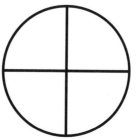

Autoévaluation de la participation

Lis les énoncés et coche ceux qui représentent ta participation à cette activité.

En équipe, j'ai réussi à m'entendre pour travailler :

- ☐ très bien
- ☐ bien
- ☐ pas du tout

J'ai reçu le jeton

- ☐ bleu
- ☐ vert
- ☐ rouge
- ☐ jaune

J'ai rempli mon rôle

- ☐ très bien
- ☐ bien
- ☐ j'aurais pu faire mieux

J'ai utilisé le temps de travail

- ☐ très bien
- ☐ bien
- ☐ j'ai perdu du temps

ACTIVITÉ 4

Des mots en escalier[2]

⭐ **Compétence disciplinaire**

Lire des textes variés.

Composante

L'élève utilise le contenu
des textes à diverses fins.

⭐ **Domaine
d'apprentissage**

Français, langue
d'enseignement

Activité
d'apprentissage

Découvrir de nouveaux mots
à l'aide du dictionnaire
en vue de les utiliser
lors d'une production
écrite ou orale.

⭐ **Domaine général de formation**

Orientation et entrepreneuriat

*L'axe de développement porte sur
la conscience de soi, de son potentiel
et de ses modes d'actualisation,
notamment sur le sens du travail
scolaire, le goût du défi et le sentiment de responsabilité face à
ses succès et à ses échecs.*

⭐ **Compétence transversale
d'ordre intellectuel**

Exploiter l'information.

Composante

L'élève s'approprie
l'information.

Préparation

Matériel	***Par élève:*** • dictionnaire pour l'amorce • étiquettes de mots ***Par équipe:*** • jeu de cartes pour la formation des dyades • dictionnaire • crayon • feuille de mots en escalier (feuille reproductible 4.1) • carton pour affichage du dictionnaire mural
Structure coopérative	Chacun son tour
Formation des groupes	Dyades formées au hasard
Préalables	Pour cette activité, les élèves doivent avoir déjà travaillé avec le dictionnaire et savoir comment le consulter. Pour les aider à se rappeler, l'enseignante peut faire avec eux quelques activités de recherche de mots et, surtout, les outiller pour lire des définitions dans un dictionnaire. L'enseignante prépare à l'avance les étiquettes de mots pour la chasse aux mots de l'amorce. Elle peut cacher ou afficher les mots dans la classe avant l'activité. Avant de commencer l'activité, l'enseignante distribue les cartes pour former les dyades. Elle met à la disposition des élèves le matériel dont ils auront besoin pour accomplir la tâche, y compris des copies de la feuille reproductible 4.1 qu'elle remet à chaque dyade.

2. Activité inspirée de la collection Charade.

Compétence disciplinaire
- Adapter sa manière de lire en fonction des caractéristiques du genre de texte;
- s'ajuster à la suite d'une difficulté ou d'une incompréhension.

Compétence transversale
- recueillir l'information;
- sélectionner l'information;
- valider l'information recueillie.

Activité

Amorce

L'enseignante fait faire une chasse aux mots aux élèves. Elle met chaque élève au défi de trouver une étiquette de mot dans la classe. Elle demande à chaque élève de lire son mot et d'essayer d'en donner une définition courte. Il est bon de choisir des mots peu connus, portant à confusion ou rigolos. Voici quelques exemples : hurluberlu, raplapla, mâtin, matelote, us, déjeter, etc.

Quand les élèves ont fait l'exercice, l'enseignante leur démontre l'importance de connaître la signification des mots.

« Si je dis à quelqu'un : « Vous êtes une matelote », je lui dirais qu'il est un mets composé de poisson ! Qu'en pensez-vous ? »

Les élèves sont chercheur et scripteur, à tour de rôle.

Déroulement de l'activité

Les élèves effectuent les tâches suivantes :
- choisir un des mots recueillis dans l'activité d'amorce et l'écrire sur la première ligne de la feuille reproductible 4.1;
- le chercheur prend la deuxième lettre du mot et cherche un mot commençant par cette lettre dans le dictionnaire;
- si le mot est nouveau pour les deux élèves, tenter de se donner des moyens pour retenir sa signification (redire sa définition dans ses mots, faire une phrase avec ce mot, trouver des synonymes, etc.);
- le chercheur épelle le mot pour que le scripteur l'écrive sur la feuille;
- écrire après chaque mot, entre parenthèses, la nature du mot (nom, verbe, adjectif, etc.);
- changer les rôles (le chercheur devient le scripteur et vice-versa);
- refaire les étapes 2 à 6 jusqu'à ce que la feuille soit remplie;

- quand toutes les équipes ont terminé, demander aux élèves de choisir deux mots nouveaux à présenter aux autres dyades lors de la rétroaction;
- écrire ces mots sur des languettes de carton;
- afficher ces mots à l'endroit prévu pour le dictionnaire mural.

Rétroaction

Sur les apprentissages
L'enseignante invite les élèves de chaque dyade à nommer et à définir les deux mots nouveaux appris pendant l'activité et affichés sur le dictionnaire mural.

Elle pose les questions suivantes aux élèves :
- Quel mot trouvez-vous le plus beau : celui qui a un beau son à votre oreille ou celui qui évoque de belles images dans votre tête ?
- Comment avez-vous fait pour comprendre les définitions ?
- Quelles ont été les difficultés reliées à cette tâche : lire ? chercher de nouveaux mots ? comprendre les définitions ? écrire les mots ? se rappeler des définitions ?

Sur le processus de coopération
L'enseignante demande aux élèves de s'autoévaluer (feuille reproductible 4.2).

Considérations

- Pour utiliser les nouveaux mots dans une situation d'écriture ou de communication orale, il est préférable de sélectionner les mots et de les regrouper par thèmes pour faciliter la recherche.
- L'enseignante peut faire composer des phrases à l'aide des nouveaux mots de même que les intégrer à une banque de mots à utiliser régulièrement.

Mots en escalier

À vos crayons...
Partez !

1._____

2._____

3._____

4._____

5._____

Encore un effort !
Quelques minutes pour
terminer l'activité.

Coopère ? Coopère pas ?

Découpe les étoiles. Dans la colonne de droite, colle le nombre d'étoiles qui correspond à tes efforts pour la consigne de la colonne de gauche.

1 étoile : j'aurais pu faire mieux

2 étoiles : j'ai fait le travail demandé

3 étoiles : je me suis surpassé ou surpassée

J'ai écouté mon ou ma partenaire quand c'était son tour de parler.	
J'ai partagé le matériel.	
J'ai respecté les consignes de l'activité.	
Je suis resté ou restée dans mon équipe.	
J'ai parlé à voix basse.	

ACTIVITÉ 5

Une bonne association

✪ Compétence disciplinaire

Raisonner à l'aide
de concepts et de
processus mathématiques.

Composante

L'élève justifie des actions
ou des énoncés en faisant
appel à des concepts et à
des processus mathématiques.

✪ Domaine d'apprentissage

Mathématique

Activité d'apprentissage

Associer des équations
mathématiques à des données
correspondantes en utilisant
un langage mathématique
et des justifications
appropriées.

✪ Domaine général de formation

Vivre-ensemble et citoyenneté

*L'axe de développement porte sur
l'engagement dans l'action dans
un esprit de coopération et de
solidarité, notamment sur le recours
au débat et à l'argumentation.*

✪ Compétence transversale d'ordre intellectuel

Résoudre des problèmes.

Composante

L'élève analyse
les éléments de la situation.

Préparation

Matériel	**Par équipe :**
	• 3 à 5 feuilles blanches
	• colle
	• équations de la feuille reproductible 5.1
	• données de la feuille reproductible 5.2
	• feuille reproductible 5.3
Structure coopérative	• chacun son tour
	• partage des rôles
Formation des groupes	Groupe de base
Préalables	L'enseignante fait des copies de la feuille reproductible 5.1 sur du papier blanc, selon le nombre d'équipes, puis découpe les équations. Elle fait aussi des copies de la feuille reproductible 5.2, cette fois sur du papier de couleur, puis découpe les données.
	Elle met le matériel nécessaire dans des sacs ou des enveloppes (colle comprise).
	Les élèves doivent avoir déjà exploré les données correspondantes d'une situation de résolution de problèmes.
	La répartition des rôles se fait ainsi :
	• colleur,
	• intermédiaire,
	• gardien de la tâche,
	• responsable du matériel.
	L'élève qui a le carton jaune est responsable de coller la carte de données et son équation correspondante sur les feuilles blanches lorsque le groupe se sera mis d'accord.
	L'élève qui a le carton mauve est l'intermédiaire. Il est la seule personne autorisée à venir demander à l'enseignante des précisions sur l'activité.

L'élève qui a le carton orange est responsable de faire respecter les consignes de l'activité.

L'élève qui a le carton vert est responsable du matériel : prendre et placer le matériel pour l'activité et le rapporter à la fin de celle-ci.

Pistes d'observation	**Compétence disciplinaire** • présenter des arguments oralement au moyen du langage mathématique ; • s'interroger sur les arguments des autres ; • appuyer ses arguments. **Compétence transversale** • évoquer la situation présente ; • associer la situation à des situations semblables résolues antérieurement ; • reconnaître des similitudes entre des situations-problèmes différentes.

Activité

Amorce

L'enseignante annonce aux élèves qu'ils vont réaliser une tâche mathématique et qu'ils devront faire preuve de rigueur comme les vrais mathématiciens : vocabulaire précis, justification appropriée.

Elle leur distribue une feuille divisée en trois parties : «Numération», «Géométrie» et «Mesure».

L'enseignante demande aux élèves de travailler individuellement. Ils doivent écrire les mots, les idées, les concepts qu'ils connaissent sous chacun des thèmes afin de dégager les éléments du langage mathématique. L'enseignante insiste sur la partie «Numération», car l'activité porte sur ce concept.

«Afin de ne pas partir les mains vides, nous allons mettre nos connaissances en commun. Allez voir trois élèves différents et partagez ce que vous avez trouvé. Complétez votre feuille ou modifiez-la à partir de ce partage d'idées.»

Quand cette étape est terminée, l'enseignante revoit avec les élèves ce qu'ils ont élaboré lors du partage d'idées et fait part de son admiration pour la collecte de données, le cas échéant. Si les données ne sont pas complètes, elle élabore la feuille avec eux afin qu'ils deviennent plus habiles à utiliser ce langage. L'enseignante annonce ensuite aux élèves qu'ils sont prêts à commencer la tâche. Elle indique l'ordre dans lequel les élèves joueront : orange, vert, mauve, jaune.

Déroulement de l'activité

Les élèves effectuent les tâches suivantes :
• aller chercher le sac de matériel ;
• distribuer toutes les équations de façon égale aux membres du groupe ;
• placer les cartes de données (en couleur) face en dessous au centre de la table ;

• à tour de rôle, tirer une carte de données et la montrer à tout le monde ;
• indiquer si on croit avoir l'équation correspondante et expliquer pourquoi ;
• donner son accord ou son désaccord quant à la proposition ;
• quand tout le monde est d'accord, coller la carte de données et l'équation sur une feuille blanche ;
• continuer jusqu'à ce que toutes les cartes soient jumelées et collées ;
• montrer les réponses à l'enseignante et prendre connaissance du résultat du travail du groupe ;
• ranger le matériel.

Rétroaction

Sur les apprentissages

L'enseignante pose quelques questions à chaque groupe pour s'assurer de la compréhension. Les élèves peuvent se consulter avant de répondre. «Félicitez quelqu'un dans votre groupe qui pratiquait bien l'habileté à justifier ses réponses.»
• Quels arguments avez-vous utilisés pour justifier vos idées ? vos réponses ?»

«Nommez des mots que vous avez utilisés dans ton groupe et qui font partie du langage mathématique.»

«Ces mots étaient-ils sur votre feuille de départ ? Sinon, ajoutez-les.»

Sur le processus de coopération

L'enseignante demande aux élèves d'évaluer le travail de groupe (feuille reproductible 5.3).

Considérations

Les élèves pourraient, en équipe de coopération, préparer des situations semblables et les faire réaliser par les autres équipes. L'enseignante en profite pour vérifier s'ils sont capables de réutiliser leurs apprentissages.

Équations

$8 + 10 = 18$	$16 - 8 = 8$	$10 - 4 = 6$	$4 \times 5 = 20$	$3 \times 5 = 15$
$5 \times 3 = 15$	$6 \times 7 = 42$	$9 \times 7 = 63$	$6 + 8 = 14$	$3 - 2 = 1$
$9 + 7 = 16$	$10 - 6 = 4$	$3 + 1 + 3 = 7$	$6 \times 8 = 48$	$3 \times 8 = 24$
$48 - 8 = 40$	$7 + 6 = 13$	$1 + 2 + 4 = 7$	$3 \times 2 = 6$	$16 - 9 = 7$

Figures géométriques

Ithamar a une collection de cartes qu'il range dans un cartable. Il peut mettre 8 cartes par page. Si Ithamar a complété 6 pages, combien a-t-il de cartes ?

Il y a 16 élèves dans la classe de Lucie. 9 sont des filles. Combien y a-t-il de garçons dans cette classe ?

Caroline reçoit 7 amies chez elle. Elle donne à chacune 6 nouvelles parures pour les cheveux. Combien de parures donne-t-elle en tout ?

Henri doit laver les fenêtres d'un immeuble de 9 étages. Il y a 7 fenêtres par étage. Combien de fenêtres Henri lavera-t-il ?

Évaluation du travail de groupe

Avec les membres de ton équipe, remplis le tableau suivant.
Dessine la figure qui correspond à votre performance.

Est-ce que chaque membre de l'équipe a joué son rôle ?	
Est-ce que chaque membre de l'équipe a respecté son tour ?	
Avons-nous travaillé ensemble ?	
Avons-nous encouragé et félicité les membres de notre équipe ?	
Avons-nous participé également ?	
Est-ce que nous avons respecté les consignes de l'activité ?	

ACTIVITÉ 6

Le commis voyageur

⭐ **Compétence disciplinaire**

Lire l'organisation d'une
société sur son territoire.

Composante

L'élève précise l'influence
de personnages ou l'incidence
d'événements sur l'organisation
sociale et territoriale.

⭐ **Domaine
d'apprentissage**

Domaine de l'univers social

Activité
d'apprentissage

Reconstituer des casse-tête
pour susciter la curiosité
des élèves envers
divers métiers
et professions.

⭐ **Domaine général de formation**

Orientation et entrepreneuriat.

*L'axe de développement porte sur
la connaissance du monde du travail,
des rôles sociaux, des métiers et
des professions, notamment sur
les professions, métiers et modes
de vie en rapport avec
son milieu immédiat.*

⭐ **Compétence transversale
d'ordre d'ordre personnel
et social**

Coopérer.

Composante

L'élève tire profit
du travail en coopération.

Préparation

Matériel	**Pour l'amorce :** • outils, vêtements reliés à des métiers et à des professions (ou des illustrations) **Par équipe :** • morceaux de casse-tête préparés par l'enseignante (feuille reproductible 6.1) • bout de papier portant le nom d'un métier ou d'une profession correspondant à un casse-tête	• macaron pour identifier le commis voyageur • carton rigide • colle
Structure coopérative	Chacun son tour	
Formation des groupes	Groupes de base	
Préalables	L'enseignante agrandit les illustrations de métiers et professions de la feuille reproductible 6.1 ou choisit des images illustrant des métiers et professions proposés par les élèves. Il faut découper chaque casse-tête en neuf morceaux suivant le même gabarit. L'enseignante répartit également les morceaux des casse-tête parmi les groupes de façon que chacune ait un seul morceau de son casse-tête (la même forme pour chaque équipe). Autrement dit, chaque groupe reçoit 9 morceaux de casse-tête : un morceau à conserver et huit à échanger durant l'activité. L'enseignante attache au morceau de départ un bout de papier portant le nom du métier ou de la profession recherché.	

Compétence disciplinaire
- exprimer ses perceptions initiales à l'égard de composantes de la société et de son territoire ;
- se questionner sur l'organisation de la société et sur l'aménagement de son territoire.

Compétence transversale
- apprécier sa participation et celle de ses pairs à chacune des étapes ;
- reconnaître les éléments qui ont facilité ou entravé la coopération ;
- cerner les améliorations souhaitables pour sa prochaine participation.

Activité

Amorce

L'enseignante expose les outils et les vêtements sur une table. Elle invite les élèves à les observer attentivement et en silence pendant un moment. Elle leur demande ensuite d'associer les éléments à des métiers ou professions ou de signaler les éléments qui sont entièrement inconnus. En parlant du troc au début de la colonie, l'enseignante décrit aux élèves ce qu'est un commis voyageur. Elle leur propose ensuite de jouer au jeu du «commis voyageur». À cette étape, elle précise qu'ils feront du troc et non de la vente. Avec les élèves, elle désigne un emplacement dans la classe qui servira de «Place centrale». C'est là que les commis voyageurs doivent se rendre pour échanger les morceaux de casse-tête. Les élèves seront commis voyageurs à tour de rôle. L'enseignante distribue aux groupes les morceaux de casse-tête préparés à l'avance (rubrique «Préalables»). L'enseignante prend soin de bien expliquer aux élèves le but de l'activité : reconstituer son casse-tête à partir du morceau de départ, identifié au nom du métier ou de la profession. Ce morceau ne doit pas être échangé. On n'échange que les morceaux sans lien avec le casse-tête de l'équipe.

Déroulement de l'activité

Les élèves effectuent les tâches suivantes :
- former les groupes de base et choisir un emplacement dans la classe ;
- placer le titre du métier ou de la profession et le morceau qu'on ne doit pas échanger bien en évidence ;
- déterminer dans quel ordre les membres du groupe seront commis voyageurs, chacun son tour ;
- épingler ou accrocher le macaron au vêtement du premier commis voyageur ;
- au signal de l'enseignante, se rendre à la Place centrale avec un morceau à échanger ;
- échanger le morceau de casse-tête contre celui d'un commis voyageur d'un autre groupe. Tous les commis voyageurs doivent échanger leur morceau de la façon la plus profitable pour leur groupe. Ne jamais revenir les mains vides ;
- au deuxième signal de l'enseignante, retourner aux équipes ;
- poursuivre le processus jusqu'à ce que les équipes aient reconstitué leur casse-tête ;

- coller le casse-tête sur le carton ;
- présenter le casse-tête aux autres groupes et dire ce que l'on connaît de ce métier ou de cette profession.

Rétroaction

Sur les apprentissages

L'enseignante pose les questions suivantes aux élèves :
- Pouvez-vous réaliser ces casse-tête ? Comment ?
- Est-ce que ces images vous inspirent ou vous donnent des idées ?
- Que voudriez-vous savoir de plus sur ces métiers ?
- Pensez-vous que ces métiers sont importants ?
- Est-ce que ce jeu vous a permis d'apprendre des choses intéressantes. Lesquelles ?
- Parmi ces métiers et professions, lesquels sont exercés dans votre quartier ? Connaissez-vous des personnes qui les exercent ?
- Quels métiers aimeriez-vous exercer plus tard ?
- Selon vous, est-ce qu'on fait encore du troc aujourd'hui ?

Sur le processus de coopération

L'enseignante pose les questions suivantes aux élèves :
- Nommez quelqu'un qui a bien respecté les consignes dans votre groupe.
- Avez-vous attendu que quelqu'un vous offre une pièce ou l'avez-vous prise vous-même ?
- Était-ce difficile de négocier pour obtenir une pièce ? Comment faisiez-vous ?
- Est-ce que tous les membres de l'équipe ont pu participer à la tâche ?
- Utilisiez-vous des stratégies efficaces avant d'envoyer un commis voyageur ?
- Êtes-vous restés avec votre groupe tout le temps de l'activité ?

Considérations

Pour poursuivre l'activité, l'enseignante peut inviter les élèves à faire une recherche sur le troc qui se pratiquait autrefois et celui qui se pratique et qui pourrait se pratiquer encore aujourd'hui. C'est une bonne façon d'introduire des éléments d'histoire du début de la colonie en lien avec le monde actuel.

Les métiers

Coiffeuse

Médecin

Mécanicien

Boulanger

Enseignante

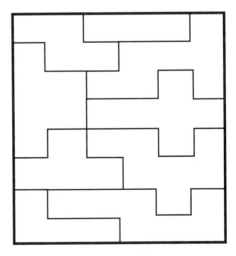

Gabarit

ACTIVITÉ 7

Robotek inc.

✪ Compétence disciplinaire

Comprendre des situations
de vie en vue de construire
son référentiel moral.

Composante

L'élève analyse, dans
son milieu, des situations
de vie et les repères
pour agir qui y sont associés.

✪ Domaine général de formation

Vivre-ensemble et citoyenneté

*L'axe de développement porte sur
l'engagement dans l'action dans un
esprit de coopération et de solidarité,
notamment sur les projets d'action
liés au vivre-ensemble.*

Activité d'apprentissage

Dans le cadre de l'enseignement
moral, inviter les élèves à
réfléchir sur la production
de biens servant
au bien-être
de l'humain.

✪ Domaine d'apprentissage

Enseignement moral

✪ Compétence transversale d'ordre intellectuel

Mettre en œuvre sa pensée
créatrice.

Composante

L'élève s'engage
dans une réalisation.

Préparation

Matériel	**Pour l'enseignante:** • cartons à affiche **Par élève:** • crayon à mine • crayons de couleur • 2 feuilles blanches • feuille reproductible 7.1, «Ai-je bien pratiqué mon métier d'élève?» **Par équipe:** • matériel de récupération (pots de plastique, boîtes de conserve vides, sacs de plastique, etc.) • colle • ruban cache • ciseaux
Structure coopérative	Coins
Formation des groupes	Groupes d'intérêt de 4 élèves
Préalables	Avant de réaliser cette activité, les élèves doivent avoir discuté de l'importance des différents types de produits et services utiles à leur communauté. L'enseignante prépare à l'avance les affiches où les élèves inscriront les différents types de robots à construire, lors de l'amorce. Les affiches serviront à identifier les différents coins de travail. Il peut être intéressant de faire préparer des cartes de visite aux élèves. Ils y inscrivent leur nom ainsi que leur devise en tant qu'employés de l'entreprise Robotek inc. La devise se doit de refléter une valeur morale qui donne du sens au projet. Voici quelques exemples de devises: • Moi, j'aime l'entraide. • Je collabore dans ma communauté. • Je suis soucieux des êtres vivants. • Égalité pour toutes les personnes.

Compétence disciplinaire
- décrire la situation humaine à partir de situations tirées de son vécu;
- s'interroger sur l'agir qui contribue au mieux-vivre individuel et collectif.

Compétence transversale
- anticiper l'issue de la démarche;
- imaginer un scénario de réalisation.

Activité

Amorce

L'enseignante annonce aux élèves qu'elle vient tout juste de créer une entreprise en robotique et qu'elle les embauche tous. Le défi de la compagnie est de créer des robots qui vont améliorer le sort des humains de la communauté.

Les employés doivent répondre aux exigences de la compagnie. Ils devront tout d'abord réfléchir aux types de robots susceptibles d'aider la communauté ou certaines personnes de la communauté et inscrire leur choix sur les affiches (rubrique « Préalables »). Voici des exemples de domaines où les élèves aimeraient intervenir:
- aide aux enfants handicapés;
- équipement pour un hôtel ou lieu de loisir;
- amélioration des conditions de travail dans les mines ou les milieux de travail dangereux;
- aide aux non-voyants, aux malentendants, etc.

Ensuite, ils devront dessiner les plans de chacun des robots imaginés. Dans un troisième temps, ils construiront les robots à l'aide de matériaux de récupération. Ce sera un prototype.

L'enseignante explique que les réalisations des élèves seront exposées pour permettre au public de manifester son intérêt pour les divers prototypes. La classe invitera des personnes qui désigneront les réalisations qui seraient utiles à notre société.

Déroulement de l'activité

Les élèves effectuent les tâches suivantes:
- lire les types de robots affichés dans les coins;
- inscrire, sur une feuille, par ordre de préférence, trois types de robots sur lesquels on veut travailler;
- au signal de l'enseignante, se rendre dans le coin de son premier choix. S'il y a déjà 4 élèves, se rendre à son deuxième choix;
- former un groupe d'intérêt selon le coin choisi et préparer un espace de travail;
- dessiner individuellement un plan du robot en fonction du type choisi;
- présenter à tour de rôle son plan aux membres du groupe et expliquer son fonctionnement;
- retenir des éléments d'intérêt de chacun des plans pour construire le prototype commun du groupe; il faut pouvoir reconnaître une ou des idées personnelles de chaque membre du groupe;
- construire le robot;
- préparer une légende qui décrit chaque élément du robot;
- donner un nom au robot;
- exposer les robots dans un endroit public.

Rétroaction

Sur les apprentissages

L'enseignante pose les questions suivantes aux élèves:
- Est-ce que le robot réalisé est conforme aux exigences de la compagnie Robotek?
- Remplit-il la mission déterminée au départ?
- Est-ce que votre projet pourrait aider une communauté ou certaines personnes? Comment?
- En quoi votre robot est-il innovateur?

Sur le processus de coopération

L'enseignante invite les élèves à s'autoévaluer (feuille reproductible 7.1).

Considérations

Pour prolonger l'activité, l'enseignante peut inviter les élèves à concevoir une campagne publicitaire pour la télévision ou pour la radio afin de promouvoir la vente de leur robot.

Ai-je bien pratiqué mon métier d'élève ?

Je suis fier ou fière de moi parce que :

_____

_____

_____

_____

_____

_____

J'ai eu de la difficulté en équipe pour :

_____

_____

_____

_____

_____

_____

Quand je travaille en équipe, je dois améliorer :

_____

_____

_____

_____

_____

Je referais cette activité parce que :

_____

_____

Je ne referais pas cette activité parce que :

_____

_____

_____

ACTIVITÉ 8

Le père Noël à travers le temps

⭐ **Compétence disciplinaire**
Lire des textes variés.

Composante
L'élève réagit à
une variété de textes lus.

⭐ **Domaine général de formation**
Environnement et consommation

*L'axe de développement porte sur
la présence à son milieu, notamment
sur l'identification des liens entre
les éléments propres à un milieu
local ou régional, à une saison.*

**Activité
d'apprentissage**
Explorer le concept du temps
à partir de personnages
de Noël dont on
explore les origines.

⭐ **Domaine
d'apprentissage**
Français, langue
d'enseignement

⭐ **Compétence transversale
de l'ordre de la communication**
Communiquer de façon
appropriée.

Composante
L'élève établit l'intention
de la communication.

Préparation

Matériel   ***Par groupe d'experts dans chaque coin:***
- textes (feuilles reproductibles 8.1 et 8.2)
- exemplaires de la feuille reproductible 8.3 selon le nombre d'experts
- exemplaires d'une illustration du personnage étudié selon le nombre d'experts
- jetons vert, rouge, jaune et bleu pour la répartition des rôles

Par groupe de base:
- carton de 15 cm sur 100 cm
- colle

- feuille reproductible 8.4
- jetons bleu, rouge, vert,
  pour la répartition des rôles

Structure coopérative   Découpage

Formation des groupes   • groupes d'experts   • groupes de base

Préalables   Pour la réalisation de l'activité, il est nécessaire de trouver et d'imprimer des
illustrations des différents personnages légendaires mentionnés dans les textes remis
aux experts. Plusieurs sites Internet proposent des illustrations des différents
personnages.

Il est important de préparer l'espace physique avant l'activité. Il faut quatre coins pour
accueillir les groupes d'experts qui seront formés d'un élève par groupe de base selon
le texte reçu. En plus, prévoir un espace pour le regroupement des groupes de base
lors du partage des informations.
- Coin d'experts 1 : texte «Saint Nicolas» et fiches de questions (feuilles reproductibles
  8.1 et 8.3)
- Coin d'experts 2 : texte «La Babouchka» et fiches de questions (feuilles
  reproductibles 8.1 et 8.3)
- Coin d'experts 3 : texte «Le père Noël d'aujourd'hui» et fiches de questions (feuilles
  reproductibles 8.2 et 8.3)
- Coin d'experts 4 : texte «Le vrai père Noël» et fiches de questions (feuilles
  reproductibles 8.2 et 8.3)

Afin de réduire au minimum les rassemblements et les déplacements, l'enseignante peut
déterminer au départ les groupes d'experts qui seront formés à partir des groupes de base.
L'enseignante active les connaissances des élèves sur les personnages légendaires
reliés à la fête de Noël.

L'enseignante peut modeler une habileté en lecture : reformuler ce qui vient d'être lu pour s'assurer de la compréhension. Pour l'autoévaluation reprendre la feuille Coopère ? Coopère pas ? de l'activité 4 « Les mots en escalier ».

Pistes d'observation   *Compétence disciplinaire*
- exprimer ses réactions à divers moments sous différentes formes : orale, écrite, non verbale ;
- établir des liens entre l'univers du texte et son propre univers ;
- discuter, avec ses pairs, de sa compréhension du texte lu ou entendu afin de la confirmer ou de l'enrichir.

Compétence transversale
- se représenter les données de la situation de communication : le contexte, l'intention, le destinataire et le sujet ;
- adopter une attitude favorable aux interactions.

Activité

Amorce

L'enseignante affiche dans la classe des éléments qui rappellent le personnage du père Noël. Elle ajoute des éléments qui ont rapport aux autres personnages qui incarnent le père Noël dans d'autres pays ou qui font référence à d'autres époques. Voici quelques exemples : un renne, une barbe blanche, des lutins, des bottes, de la fourrure, une canne, un bonnet cornu, une illustration du costume de Saint-Nicolas (habit mauve ou vert), des brillants pour le bricolage qui imiteraient la poudre magique du père Noël, etc. L'enseignante demande à chaque élève de prendre un objet et de le présenter aux autres en quelques phrases simples. Elle invite ensuite les élèves à identifier le personnage dont il est question dans cette activité.

Déroulement de l'activité

Les élèves effectuent les tâches suivantes dans les groupes d'experts :
- se rassembler dans le coin désigné par l'enseignante ;
- faire la répartition des rôles :
  - jeton jaune = lecteur,
  - jeton bleu = responsable du matériel,
  - jeton rouge = intermédiaire,
  - jeton vert = chercheur ;
- aller chercher le matériel ;
- distribuer les fiches de questions à chacun des membres ;
- lire le contenu de la fiche afin de connaître les informations recherchées (lecteur) et le reformuler (autres) ;
- lire le texte individuellement et reformuler son contenu ;
- chercher les mots dont le sens est inconnu ;
- remplir la fiche de questions en accord avec les autres membres du groupe d'experts ;
- faire vérifier sa fiche par l'enseignante et la ramener dans le groupe de base.

Les élèves effectuent les tâches suivantes dans les groupes de base :
- reformer les groupes de base avec les fiches remplies ; faire la répartition des rôles :
  - jeton jaune : chronologie des illustrations (placer les illustrations dans l'ordre déterminé par le groupe et les coller),
  - jeton bleu : responsable du droit de parole,
  - jeton rouge : lecteur (lire les questions sur la fiche de discussion),
  - jeton vert : responsable du matériel et intermédiaire ;
- partager les informations trouvées à partir de la fiche de discussion ;
- remplir la fiche de discussion à partir des idées rapportées par les élèves ;
- coller les illustrations des personnages légendaires du plus ancien au plus récent sur la bande de carton ;
- afficher les résultats.

Rétroaction

Sur les apprentissages

L'enseignante pose les questions suivantes aux élèves :
- Les informations contenues dans les textes ont-elles répondu à certaines de vos questions ? Lesquelles ?
- Aviez-vous déjà entendu parler de ces personnages ? Si oui, à quelle occasion ?
- Était-il facile de trouver les informations nécessaires pour l'activité ?
- Comment préférez-vous transmettre les informations : oralement ou par écrit ?
- Avez-vous lu les informations ou les avez-vous dites dans vos mots ?
- Comment avez-vous reçu les informations ? Est-ce que c'était clair ?
- Qu'avez-vous fait pour que les autres vous écoutent attentivement ?

Saint Nicolas

Saint Nicolas est le plus vieil ancêtre du père Noël. Évêque en Asie mineure autour des années 300, il aurait accompli plusieurs miracles. C'est à partir des années 1400 environ que l'on a commencé à célébrer une fête des enfants, le 6 décembre, jour de l'anniversaire de Saint Nicolas.

On présente Saint Nicolas habillé en évêque, portant une mitre et ayant à la main une crosse. À dos de cheval ou à dos d'âne, il distribue des cadeaux de maison en maison aux enfants sages.

Il est souvent accompagné d'un deuxième personnage qui, lui, est chargé de punir les mauvais enfants. En France, ce personnage est le père Fouettard.

La Babouchka

En Italie et en Russie, le père Noël est une femme. C'est la Babouchka (en Russie) qui apporte des cadeaux aux enfants. Il existe une légende sur ce personnage. Voici une des versions racontée aux enfants.

« Par une nuit d'hiver très froide, la Babouchka fit un grand feu dans sa modeste cabane et s'assoupit, heureuse d'être au chaud. Soudain on frappa à sa porte ; trois hommes d'apparence étrange se trouvaient sur le seuil. Ils lui expliquèrent qu'ils allaient à Bethléem porter des cadeaux à un enfant et lui demandèrent de l'accompagner. La Babouchka jeta un coup d'œil aux plaines enneigées et songea à son bon feu réconfortant. « Je suis trop vieille et trop fatiguée pour un si long voyage », répondit-elle aux étrangers. Ils la quittèrent, et la vieille femme retourna à son sommeil. Le lendemain, elle eut des remords et sortit vite pour tenter de rattraper les rois mages.

Hélas, la neige avait recouvert leurs traces. La Babouchka emplit alors son sac de jouets et se lança sur les chemins, mais ne put jamais les apercevoir. C'est pourquoi, chaque Noël, la Babouchka visite toutes les maisons de Russie en donnant des jouets aux enfants et en espérant trouver celui dont les rois mages lui ont parlé. »

3. Adaptation d'un article paru dans *Coup de Pouce*, décembre 1999.

Le père Noël d'aujourd'hui

Le père Noël que nous connaissons aujourd'hui est né en 1822 ;
le père Noël a donc plus de 100 ans ! C'est Thomas Moore qui,
un jour, a écrit un poème qui parlait d'un personnage étrange
qu'il décrivait ainsi : c'est un petit elfe, joufflu et rigolo. Il bondit
de toit en toit sur son attelage tiré par huit rennes minuscules.
« Il avait un large visage – une bedaine toute ronde / qui
tremblotait comme de la gelée – quand le rire le secouait... »

En 1870, on voit la première illustration du père Noël le
représentant comme un nain Hollandais à courte pipe.

Il fut ensuite dessiné vêtu d'affreux vêtements faits de peaux
de bêtes. Le père Noël avait un bâton à la main et avait une
figure menaçante.

En 1890, le père Noël n'avait pas encore l'allure que nous lui
connaissons. Il était parfois vêtu de bleu, rouge, violet ou vert, il
était tantôt gros, tantôt mince.

Il faut attendre 1920 pour que l'image du père Noël ait une grosse
bedaine et soit vêtu de rouge et de fourrure.

Le vrai père Noël

Notre sympathique père Noël est né, lui, en 1931 aux États-Unis.
C'est la compagnie Coca-Cola qui a eu cette brillante idée !
Afin de promouvoir une image familiale et inoffensive de Coke,
un illustrateur a créé ce personnage de taille humaine, souriant,
portant un habit aux couleurs de Coca-Cola : rouge et blanc.
On se servait de ce personnage pour vendre la boisson gazeuse
produite par Coke. Quand a eu lieu la Deuxième Guerre
mondiale de 1939 à 1945, les Américains ont apporté avec eux
ce personnage qui a été adopté rapidement. C'est pourquoi tous
les enfants du monde connaissent cette nouvelle image du père
Noël. Il n'est plus le personnage qui permet de faire de la
publicité pour la compagnie Coke. Il est maintenant le symbole
de la fête des enfants et pourquoi pas de l'amour et du partage.

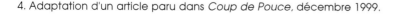

4. Adaptation d'un article paru dans *Coup de Pouce*, décembre 1999.

Tâche pour le groupe d'experts et d'expertes

1. Comment s'appelle le personnage du texte ?

_____

_____

_____

_____

_____

2. En quelle année est-il apparu comme personnage légendaire ?

_____

_____

_____

_____

_____

3. Qu'apporte-t-il aux enfants ?

_____

_____

_____

_____

_____

4. Trouve des caractéristiques du personnage.

_____

_____

_____

_____

_____

5. Trouve les éléments imaginaires du personnage.

_____

_____

_____

_____

_____

Tâche du groupe de base pour la discussion

1. Lorsque tout le monde a présenté son personnage, trouvez les ressemblances entre les personnages.

_____

_____

_____

_____

_____

2. Quel personnage préférez-vous et pourquoi ?

_____

_____

_____

_____

_____

3. Que pensez-vous du père Noël ?

_____

_____

_____

_____

_____

4. Placez les illustrations des personnages du plus ancien au plus récent sur la bande de carton. La Babouchka est le seul personnage que vous ne pouvez pas placer sur la bande de carton.

Énigme

⭐ **Compétence disciplinaire**
Résoudre une situation-
problème mathématique.

Composante
L'élève applique différentes
stratégies en vue d'élaborer
une solution.

⭐ **Domaine
d'apprentissage**
Mathématique

Activité
d'apprentissage
Élaborer une démarche logique
pour résoudre une énigme.

⭐ **Domaine général de formation**
Orientation et entrepreneuriat

*L'axe de développement porte sur
l'appropriation des stratégies liées
à un projet, notamment sur les
stratégies associées aux diverses
facettes de la réalisation d'un projet
(information, prise de décision,
planification et réalisation).*

⭐ **Compétence transversale
d'ordre méthodologique**
Se donner des méthodes
de travail efficaces.

Composante
L'élève accomplit la tâche.

Préparation

Matériel	**Par équipe:**
	• feuille reproductible 9.1, « Une énigme »
	• crayons pour tous les membres
	• papier brouillon
	• feuille reproductible 9.2, « Autoévaluation »
Structure coopérative	Penser seul, se regrouper par 2, partager à 4
Formation des groupes	Groupes de base de 4 élèves
Préalables	Dans les semaines qui précèdent l'activité, l'enseignante demande aux élèves de dresser leur arbre généalogique jusqu'à leurs arrière-grands-pères. Les élèves pourront faire ce travail à la maison avec l'aide de leurs parents.
Pistes d'observation	***Compétence disciplinaire***
	• proposer une ou plusieurs stratégies de résolution.
	Compétence transversale
	• mobiliser les connaissances requises;
	• vérifier la cohérence de la séquence d'actions;
	• ajuster les actions au besoin;
	• mener sa tâche à terme avec rigueur.

Activité

Amorce

L'enseignante ramasse les arbres généalogiques des élèves. À l'aide d'un rétroprojecteur, elle en présente quelques-uns en vue d'objectiver à partir des schémas utilisés pour représenter son arbre. Elle procède avec les élèves à une comparaison entre deux de ces arbres, celui d'un garçon et celui d'une fille, afin d'établir des ressemblances et des différences et de distinguer les liens possibles entre les personnes d'un même arbre.

L'enseignante pose des questions comme les suivantes aux élèves :

- Comment se nomme le grand-père de Yannick ?
- Est-il le neveu de Jacques et le fils de Samuel ? Pourquoi pas ?

Il est important que l'élève puisse reconnaître des liens de parenté véritables entre différentes personnes d'un même arbre.

L'enseignante invite quelques élèves à lire leur arbre en indiquant les liens de parenté.

Par exemple : « Je suis le fils de Pierre et son père Luc est mon grand-père alors que Simon est mon arrière-grand-père mais aussi le père de Luc. »

Déroulement de l'activité

Les élèves effectuent les tâches suivantes :

- lire et comprendre individuellement l'énigme (feuille reproductible 9.1) ;
- représenter les liens par un arbre ;
- former des dyades et discuter de la compréhension que l'on a du problème, des stratégies susceptibles d'aider à le résoudre, poser des questions pour comprendre les éléments nébuleux du problème et échanger sur des démarches possibles de résolution ;
- de retour en groupe, partager avec l'autre dyade en classifiant les accords et les désaccords du groupe concernant la compréhension de l'énigme ;
- opter pour une démarche qui présente la position la plus plausible et s'exercer à la justifier lors de la mise en commun.

Rétroaction

Sur les apprentissages

L'enseignante invite les élèves à présenter collectivement les démarches qu'ils ont élaborées.

Les élèves discutent de chaque solution en relisant l'énigme en vue de la valider.

L'enseignante remet ensuite à chaque groupe la solution de l'énigme : « Sam est le grand-père de Luc. Bobby est le fils de Sam, et le père de Luc. » Elle invite les élèves à réagir en petits groupes.

Sur le processus de coopération

L'enseignante demande aux élèves de s'autoévaluer (feuille reproductible 9.2).

Considérations

L'enseignante peut aménager un espace en salle de classe pour recevoir de nouvelles énigmes que les élèves pourront résoudre et où ils pourront valider les solutions à l'aide de clés de correction. La pensée logique et créatrice se développe par la répétition de tels exercices.

Une énigme

Relations de famille[5]

Luc et Sam discutaient ensemble.

Sam dit à Luc :

« J'ai le même lien de famille avec Bobby que le lien qui t'unit à Bobby. »

« Oui, et j'ai le même lien avec toi que celui que Bobby a avec ton père », répondit Luc.

Quels sont les liens de parenté qui unissent Sam et Luc ?

Quelques indices pour aider en cours de route.

- *Sam, Luc et Bobby sont tous des hommes.*
- *Aucune de ces relations ne concerne des relations entre belles-familles.*
- *Ils font tous partie de la même famille.*
- *Puisqu'ils sont tous des hommes, ils doivent être soit père et fils, soit oncle et neveu, ou frères. Si nous testons toutes ces possibilités, nous nous rendons compte que deux d'entre elles sont impossibles.*
- *Nous trouvons alors la bonne réponse, en faisant appel à un raisonnement logique, par essais et erreurs.*

5. Paul Sloane. *Testez et améliorez votre QI en développant la pensée latérale*, Chanteclerc, p. 63.

Autoévaluation

Coche la réponse qui te convient.

Quand j'ai lu cette énigme, j'ai tout de suite pensé :

☐ Ça ne sert à rien d'essayer, je ne réussirai pas.

☐ C'est trop difficile pour moi.

☐ Je vais sûrement trouver une façon de la résoudre.

☐ Heureusement qu'on est deux, on peut en parler pour comprendre.

☐ Il faut que je trouve la solution.

Quand je me trouve face à de tels problèmes, j'ai l'habitude de dire :

☐ Ce n'est pas pour moi.

☐ Je ne suis pas assez intelligent ou intelligente pour trouver la solution.

☐ C'est super, on va essayer de trouver ensemble.

☐ C'est un beau défi à relever, essayons.

☐ Je peux comprendre et réussir.

Aimerais-tu résoudre d'autres énigmes ?

☐ Oui

☐ Non

☐ Je ne sais pas

ACTIVITÉ 10

Les cachettes du lapin de Pâques

⭐ **Compétence disciplinaire**

Communiquer à l'aide
du langage mathématique.

Composante

L'élève interprète ou produit
des messages à caractère
mathématique.

⭐ **Domaine général de formation**

Vivre-ensemble et citoyenneté

*L'axe de développement porte
sur l'engagement dans l'action
dans un esprit de coopération
et de solidarité.*

**Activité
d'apprentissage**

Bâtir un plan à l'échelle
d'un local de l'école
afin d'y cacher
des chocolats
pour Pâques.

⭐ **Domaine
d'apprentissage**

Mathématique

⭐ **Compétence transversale
d'ordre méthodologique**

Se donner des méthodes
de travail efficaces.

Composante

L'élève accomplit la tâche.

Préparation

Matériel	**Par équipe :** • papier quadrillé • mètres rigides ou mètres à ruban • crayons à mine • règles • cartons de couleur
Structure coopérative	• vérification par les pairs • partage des rôles
Formation des groupes	• groupes de base de 4 élèves • sous-groupes de 2 élèves
Préalables	Les élèves doivent savoir interpréter un plan à l'échelle, c'est-à-dire faire le lien entre la représentation figurée d'une longueur et la longueur réelle correspondante. L'enseignante se procure des chocolats (plusieurs chocolats pour chacune des équipes, et une boîte pour l'amorce). Elle détermine dans quel local aura lieu la rencontre entre les deux classes. Elle planifie un moment où les élèves de 4e année pourront aller dans ce local mesurer, puis cacher les chocolats, pour ensuite vivre l'activité avec des élèves de 2e année. Elle cache, dans sa classe, la boîte de chocolats, en vue de l'amorce. Elle prépare un plan de la classe avec un X à l'emplacement de la cachette. Elle demande à l'enseignante de 2e année de répartir sa classe en petits groupes, puis jumelle un groupe de base avec chacun des petits groupes de 2e année.
Pistes d'observation	*Compétence disciplinaire* • composer un message qui tient compte du ou des récepteurs et du contexte ; • utiliser un vocabulaire mathématique approprié à la situation. *Compétence transversale* • mobiliser les compétences requises ; • mener sa tâche à terme avec rigueur.

Activité

Amorce

L'enseignante affiche le plan de la classe. Elle invite les groupes de base à essayer de repérer la cachette. En grand groupe, elle engage une discussion sur les cachettes proposées. Elle fait vérifier si le trésor se trouve dans les cachettes suggérées.

L'enseignante fait objectiver la démarche par les élèves : ont-ils aimé chercher ? Ont-ils eu de la difficulté à trouver ? Quel aurait été le meilleur outil pour les aider à trouver ? L'enseignante annonce la tâche et son utilité : cacher des chocolats dans un local de l'école, dessiner un plan de ce local à l'échelle, identifier la cachette à l'aide d'un X. Ce plan servira à des élèves de 2e année pour trouver des chocolats. L'enseignante invite ses élèves à dresser, à partir de l'expérience qu'ils viennent de vivre, une liste des choses à faire et à éviter pour avoir un bon plan. Elle fait identifier les chocolats pour chaque groupe de 2e année.

Déroulement de l'activité

- en groupes de base, déterminer l'unité de mesure à utiliser ;
- en sous-groupes, prendre les mesures du local et des meubles : un élève mesure, l'autre note ;
- en groupes de base, comparer les résultats de mesure des deux sous-groupes. S'ils sont différents, reprendre le processus ;
- déterminer l'échelle pour le plan ;
- dessiner le local à l'échelle. Répartir équitablement les meubles à reproduire à l'échelle au sein du groupe. Les dessiner dans des cartons de couleur, les découper et les coller sur le plan du local ;
- déterminer l'emplacement de la cachette et tracer un X sur le plan ;
- le jour précédant le congé de Pâques, aller cacher les chocolats. Inviter le groupe d'élèves de 2e année à trouver les chocolats à l'aide du plan ; répondre aux questions mais ne pas résoudre le problème pour eux.

Rétroaction

Sur les apprentissages

L'enseignante fait une rétroaction auprès des élèves de 2e année et de 4e année séparément. Elle planifie une communication réciproque entre les groupes de façon à faire ressortir les points forts et les points à améliorer de cette activité commune.

Elle pose des questions aux élèves de 2e année :
- Avez-vous aimé l'activité ?
- Comment vous sentiez-vous ?
- Le plan était-il clair ?
- Les élèves ont-ils bien répondu à vos questions ?
- Aimeriez-vous revivre une expérience avec les grands ?
- Quels conseils pouvez-vous leur donner pour la prochaine fois ?

L'enseignante pose les questions suivantes aux élèves de 4e année :
- Qu'est-ce qui était facile dans cette activité ? Qu'est-ce qui était difficile ?
- Selon vous, le plan remis aux élèves de 2e année était-il suffisamment clair ? Qu'est-ce qu'il faudrait améliorer ?
- Comment se sentaient les plus jeunes lors de la rencontre ?
- Qu'est-ce qui était facile quand il fallait répondre aux questions des plus jeunes ? Qu'est-ce qui était difficile ?
- Qu'est-ce que vous pourriez améliorer la prochaine fois ?

Sur le processus de coopération

L'enseignante pose les questions suivantes à ses élèves :
- Comment avez-vous vécu la vérification par les pairs ? Trouvez-vous cette structure pertinente ?
- Avez-vous vécu des conflits ? Si oui, quelles solutions avez-vous trouvées ?
- Chaque personne a-t-elle rempli son rôle ?
- Quelles ont été les difficultés liées aux rôles ?
- Y a-t-il eu de l'entraide ?
- Qu'est-ce que vous pourriez améliorer la prochaine fois ?

Considérations

- On peut faire l'activité dans le local des élèves du 2e cycle ou ailleurs, mais il faut un local bien meublé et peu connu des élèves de 2e année.
- La rétroaction pourrait constituer une activité d'écriture.
- Cette activité peut être transposée à une autre fête ou à un autre événement (cacher des cannes de bonbon à Noël, faire découvrir un message pour lancer un thème commun à toute l'école, etc.).

Le meilleur achat

⭐ **Compétence disciplinaire**
Communiquer oralement

Composante
L'élève partage ses propos durant une situation d'interaction.

⭐ **Domaine général de formation**
Environnement et communication.

L'axe de développement porte sur les stratégies de consommation et d'utilisation responsable de biens et de services, notamment sur les étapes d'une stratégie de consommation efficace.

Activité d'apprentissage
Établir des critères pour le choix de cadeaux de Noël et les présenter à leurs pairs d'autres classes.

⭐ **Domaine d'apprentissage**
Français, langue d'enseignement

⭐ **Compétence transversale d'ordre méthodique**
Se donner des méthodes de travail efficaces.

Composante
L'élève analyse sa démarche.

Préparation

Matériel	***Pour l'enseignante:***

Pour l'enseignante:
• quelques exemplaires du magazine *Protégez-vous* (pour l'amorce)

Par équipe:
• quelques catalogues de jeux et de jouets
• feuille reproductible 11.1, «Caractéristiques de jouets et de jeux»
• feuille reproductible 11.2, «Évaluation du travail en groupe»
• feuille reproductible 11.3, «Préparons notre exposé»

Par élève:
• crayon à mine

• gros crayon-feutre
• feuille de 11 po sur 17 po
• papier brouillon
• matériel au besoin pour la présentation

Structure coopérative
• partage des rôles
• découpage
• vérification par les pairs

Formation des groupes
• groupes de base de 4 élèves
• groupes d'experts
• grand groupe

Préalables
L'enseignante conviendra d'un jumelage possible entre chaque groupe de base et différentes classes de 2e cycle, pour la présentation orale. Une date de visite sera prévue dans la classe (présentation d'environ 5 à 20 minutes, comprenant une période de questions).

Les élèves doivent connaître la structure des rôles (secrétaire, animateur, intermédiaire, porte-parole) et l'avoir déjà pratiquée.

L'enseignante attribuera les rôles pour l'activité qui vient.

De plus, elle doit préparer les élèves à faire des critiques constructives. Elle leur fait prendre conscience des sentiments vécus par ceux qui sont «en avant» pendant les exposés oraux.

Compétence disciplinaire
- articuler nettement ;
- ajuster le volume, le débit et l'intonation de sa voix ;
- avoir recours au non-verbal pour maintenir le contact.

Compétence transversale
- dégager les réussites et les difficultés ;
- cerner les améliorations possibles.

Activité

Amorce

Avec les élèves, l'enseignante feuillette le magazine *Protégez-vous*, se questionne sur ses caractéristiques, ses propriétés et le rôle qu'il se donne. L'enseignante présente ensuite le projet et son déroulement. Pour ce faire, elle établit une comparaison entre le magazine et la tâche. Elle présente aussi la fiche d'évaluation afin que les élèves connaissent les critères de réussite du projet.

Déroulement de l'activité

Les élèves effectuent les étapes suivantes :

- 1re partie : dans les groupes de base, chaque membre trouve un jouet ou un jeu et remplit la feuille reproductible 11.1, « Caractéristiques de jouets et de jeux », à l'aide de catalogues. Il peut s'agir de jouets découverts dans un catalogue ou choisis parmi les préférés des membres du groupe. Chaque membre du groupe remplit son rôle (*voir* « Structure coopérative ») ;
- en grand groupe, les porte-parole des groupes de base nomment les caractéristiques trouvées et les secrétaires les écrivent au tableau (seulement celles qui n'ont pas encore été notées) ;
- 2e partie : de retour dans les groupes de base, regrouper les caractéristiques en diverses catégories et les nommer. Ce sont des critères pour évaluer les jouets. Par exemple, le prix d'un article peut être un critère d'évaluation ;
- écrire ces critères en gros caractères sur une feuille de 11 po sur 17 po et l'afficher à l'envers au tableau ;
- en grand groupe, découvrir le travail de chacun des groupes de base. Discuter des critères à garder. Justifier oralement les décisions ;
- 3e partie : dans les groupes de base, se répartir les critères, un par membre ;
- former des groupes d'experts pour chaque critère, discuter du critère afin de déterminer comment il peut influencer le choix de jouets ou de jeux. Donner des exemples et prendre des notes (nom du critère, son influence, des exemples) sur une feuille brouillon ;
- de retour dans les groupes de base, faire un compte rendu des découvertes des groupes d'experts ;

- 4e partie : préparer l'exposé oral à l'aide de la partie A de la feuille reproductible 11.3, « Préparons notre exposé » ;
- faire une répétition de leur exposé oral devant les autres élèves afin de pouvoir l'améliorer avant d'aller dans les classes. Noter les critiques reçues sur la partie B de la feuille reproductible 11.3, « Préparons notre exposé » et se réunir pour effectuer les derniers ajustements ;
- faire des critiques constructives sur les exposés des autres équipes, selon les directives données par l'enseignante ;
- présenter leur exposé oral dans une classe de 2e cycle ; répondre aux questions.

Rétroaction

Sur les apprentissages

En grand groupe, procéder à un retour sur l'expérience vécue. Discuter de l'incidence que l'exposé peut avoir eu dans les classes visitées.

Sur l'exposé

L'enseignante pose les questions suivantes aux élèves :
- Avez-vous bien articulé ?
- Avez-vous ajusté le volume de votre voix ? votre débit ? votre intonation ?
- Avez-vous eu recours au non-verbal pour maintenir le contact ?
- Qu'avez-vous bien réussi ? Qu'avez-vous trouvé difficile ?
- Quelles améliorations pourriez-vous envisager ?

Sur le processus de coopération

L'enseignante invite les élèves à évaluer leur travail en groupe à la fin de chaque période de travail en remplissant la feuille reproductible 11.2, « Évaluation du travail en groupe ».

Considérations

- Puisque les exposés de chaque groupe de base se ressembleront, il est important de ne pas envoyer deux groupes dans une même classe.
- Si des groupes comptent cinq élèves, il est possible de diviser le rôle de l'intermédiaire en deux parties : responsable du matériel et intermédiaire (responsable des questions à l'enseignante).

Caractéristiques de jouets et de jeux

Énumère les caractéristiques de chaque jouet ou jeu. Par exemple : coût, matériau, groupe d'âge auquel il s'adresse, etc.

Jouet ou jeu : _____

Choix de : _____

Caractéristiques :

_____

_____

_____

_____

Jouet ou jeu : _____

Choix de : _____

Caractéristiques :

_____

_____

_____

_____

Jouet ou jeu : _____

Choix de : _____

Caractéristiques :

_____

_____

_____

_____

Jouet ou jeu : _____

Choix de : _____

Caractéristiques :

_____

_____

_____

_____

Évaluation du travail en groupe

Vert : Très bien
Jaune : À améliorer
Rouge : Catastrophe
Noir : Ne s'applique pas à cette période   **Date :**

Chaque membre a participé en disant ses idées.								
Chaque membre a écouté les autres.								
Nous avons respecté le droit de parole.								
Nous avons retenu un jouet ou un jeu de chaque membre du groupe pour le travail.								
Les sujets de conversation avaient un lien avec la tâche.								
L'animateur ou l'animatrice a donné le droit de parole à tous les membres du groupe et a vu à ce que tout le monde donne son point de vue.								
L'intermédiaire a géré le matériel et a fait le lien entre l'enseignante et notre groupe.								
Le ou la secrétaire a écrit des réponses avec lesquelles tout le groupe était d'accord.								
Le ou la porte-parole a bien expliqué les idées du groupe.								
En général, ce travail en groupe mérite l'évaluation suivante.								

À remplir à la dernière période de travail

Forces de notre groupe : _____

_____

_____

Faiblesses de notre groupe : _____

_____

_____

Préparons notre exposé

Partie A : préparation de l'exposé

Notre but est de convaincre les élèves qu'il est important de bien choisir ses jouets et ses jeux.

Nous devons expliquer clairement comment on peut bien choisir : à l'aide de chacun des critères.

Chaque membre du groupe doit avoir une partie égale à présenter.

Nous devons être intéressants pour notre public :

- nous pouvons faire des affiches ;
- nous pouvons prévoir des questions à poser aux élèves ;
- nous devons faire des gestes et varier notre ton de voix pour garder leur attention ;
- nous devons bien articuler pour que tout le monde comprenne, y compris les élèves assis au fond de la classe.

Partie B : à remplir après avoir fait l'exposé devant les autres équipes

Voici les critiques que nous avons reçues de notre classe afin de nous améliorer avant d'aller visiter une autre classe :

_____

_____

_____

_____

_____

_____

_____

_____

Bonne chance !

ACTIVITÉ 12

Aux quatre vents

⭐ **Compétence disciplinaire**

Mettre à profit les outils, objets et procédés de la science et de la technologie.

Composante

L'élève s'approprie les rôles et fonctions des outils, techniques, instruments et procédés de la science et de la technologie.

⭐ **Domaine général de formation**

Environnement et consommation

L'axe de développement porte sur la présence à son milieu, notamment sur la compréhension de certaines caractéristiques et de phénomènes de son milieu.

Activité d'apprentissage

S'initier à la mesure du vent, soit en fabriquant un instrument de mesure, soit en faisant une recherche sur un instrument existant ou ayant existé autrefois.

⭐ **Domaine d'apprentissage**

Science et technologie

⭐ **Compétence transversale d'ordre méthodologique**

Se donner des méthodes de travail efficaces.

Composante

L'élève accomplit la tâche.

Préparation

Matériel	*Pour la classe:* • boîte de conserve vide assez grosse • craie *Par équipe:* • exemplaire de la feuille reproductible 12.1, «Collecte de données sur les vents» • exemplaire de la feuille reproductible 12.2, «Qui fait quoi?» • exemplaire de la feuille reproductible 12.3, «Évaluation de l'équipe» • matériel de récupération • matériel de bricolage (colle, ciseaux, etc.) • autre matériel, selon les besoins de chaque équipe
Structure coopérative	Partage des rôles
Formation des groupes	Groupes de base de 4 élèves
Préalables	Les élèves doivent connaître la structure des rôles (secrétaire, intermédiaire, animateur, minuteur) et l'avoir déjà pratiquée. L'enseignante prévoit un lieu extérieur assez grand, asphalté, où il est possible d'aller plus d'une fois durant la journée alors qu'il n'y a personne ou peu de gens (cour de récréation ou autre).
Pistes d'observation	*Compétence disciplinaire* • déceler des façons de faire d'ordre scientifique au regard de la solution; • tracer des étapes de mise en œuvre de la solution. *Compétence transversale* • ajuster les actions au besoin; • mener sa tâche à terme avec rigueur.

Activité

Amorce

Dans la cour de récréation (ou tout autre lieu extérieur répondant aux critères exprimés dans les préalables), l'enseignante fait faire l'expérience suivante aux élèves :

- Dessiner une croix à la craie sur l'asphalte, au centre de la cour.
- Y placer la boîte de conserve vide. S'éloigner du lieu.
- Observer les effets du vent sur la boîte et les noter sur la feuille reproductible 12.1, « Collecte de données sur les vents » : vitesse de déplacement, régularité, constance, direction, absence de déplacement, etc. Chronométrer le tout et inscrire le temps dans la colonne prévue à cet effet. Faire une observation durant plusieurs minutes.
- Refaire l'expérience une autre fois, à un autre moment dans la journée (ex. : une fois en avant-midi et une fois en après-midi).

L'enseignante présente la tâche à accomplir, soit faire une recherche sur un instrument de mesure du vent d'autrefois, soit faire une recherche sur un instrument de mesure utilisé aujourd'hui par les spécialistes, soit imaginer et construire un nouvel instrument pour mesurer le vent. Elle présente aussi la fiche d'évaluation afin que les élèves connaissent les critères de réussite du projet.

Déroulement de l'activité

Les élèves effectuent les tâches suivantes :

- en groupes de base, déterminer le projet à réaliser ;
- dresser une liste des besoins du groupe de base (actions : aller à la bibliothèque, ramasser du matériel de récupération ; besoins en matériaux : carton, colle, contenants de lait recyclés, pailles…) ;
- déterminer les responsabilités de chaque membre du groupe dans le projet (feuille reproductible 12.2) ; les répartir de façon équitable ;
- faire la recherche ou concevoir l'instrument. Pour les groupes de base qui inventent des instruments, faire un test préalable à l'intérieur, puis essayer l'instrument dehors, dans le vent ;
- préparer une présentation orale sur la recherche ou l'instrument de mesure, le déroulement du travail, les difficultés rencontrées et les solutions trouvées ;
- faire la présentation ; répondre aux questions et écouter les commentaires des élèves.

Rétroaction

Sur les apprentissages

L'enseignante dirige une discussion en grand groupe sur le travail à l'aide des questions suivantes :

- Qu'avez-vous aimé dans ce travail ? Qu'est-ce que vous n'avez pas aimé ?
- Vos étapes de mise en œuvre étaient-elles appropriées ?
- Avez-vous eu besoin de faire des ajustements ou de changer des choses au cours de l'exécution de la tâche ?
- Avez-vous éprouvé des difficultés à mener cette tâche à terme ? Si oui, quelles solutions avez-vous trouvées ?
- Qu'est-ce que votre propre recherche ou votre travail vous a permis d'apprendre ?
- Qu'est-ce que les présentations vous ont permis d'apprendre ?
- Y a-t-il encore des choses que vous aimeriez savoir à propos de la mesure du vent ? Si oui, comment pourriez-vous vous y prendre pour en savoir davantage ?
- Que faudrait-il faire différemment la prochaine fois pour que ce projet soit encore plus profitable pour l'équipe ? pour la classe ?

Sur le processus de coopération

L'enseignante demande aux élèves de faire une évaluation de l'équipe après chaque période de travail (feuille reproductible 12.3).

Considérations

La diffusion de ces recherches et de ces créations peut se faire sous forme d'une exposition à l'intention des parents et des autres élèves de l'école. Elle pourrait coïncider avec la rencontre de parents. Proposez aux élèves de présenter leurs découvertes sous forme d'affiches, de jeux questionnaires ou de tout autre jeu inventé par eux.

Collecte de données sur les vents

Date et moment de la journée	Direction du vent	Vitesse de déplacement	Autres observations

FEUILLE REPRODUCTIBLE 12.2

Qui fait quoi ?

Nom de l'élève :

____

Responsabilités de l'élève :

____
____
____
____
____
____
____
____

Nom de l'élève :

____

Responsabilités de l'élève :

____
____
____
____
____
____
____
____

Nom de l'élève :

____

Responsabilités de l'élève :

____
____
____
____
____
____
____
____

Nom de l'élève :

____

Responsabilités de l'élève :

____
____
____
____
____
____
____
____

Évaluation de l'équipe

Vert : Très bien
Jaune : À améliorer
Rouge : Catastrophe
Noir : Ne s'applique pas à
cette période de travail   **Date :**

Nous avons respecté le droit de parole.											
L'animateur ou l'animatrice veillait à ce que tout le monde dise son point de vue.											
Le ou la secrétaire a bien rempli son rôle.											
L'intermédiaire a bien fait le lien entre l'enseignante et notre équipe.											
Grâce au minuteur ou à la minuteuse qui nous rappelait le temps qu'il restait, nous avons terminé à temps.											
Dans notre équipe, il y a eu de l'entraide.											
Le travail a été partagé équitablement.											
Tous les membres de l'équipe ont mené à bien leurs responsabilités.											
Aucun membre de l'équipe n'a été rejeté.											
En général, ce travail mérite la couleur suivante.											

À remplir à la dernière période de travail

Voici les points forts de notre équipe : _____

_____

Voici les points à améliorer : _____

_____

ACTIVITÉ 13

Un dilemme moral à la carte

⭐ **Compétence disciplinaire**

Prendre position, de façon éclairée, sur des situations comportant un enjeu moral.

Composante

L'élève imagine des choix possibles et leurs conséquences.

⭐ **Domaine général de formation**

Vivre-ensemble et citoyenneté

L'axe de développement porte sur l'engagement dans l'action dans un esprit de coopération et de solidarité, notamment sur le recours au débat et à l'argumentation.

Activité d'apprentissage

À partir de discussions et de réflexions personnelles et partagées, trouver diverses solutions à un dilemme moral, se positionner face à ces solutions et donner des arguments.

⭐ **Domaine d'apprentissage**

Enseignement moral

⭐ **Compétence transversale d'ordre personnel et social**

Structurer son identité.

Composante

L'élève prend conscience de sa place parmi les autres.

Préparation

Matériel	***Pour l'enseignante:*** • feuille reproductible 13.1, « L'histoire de Florence – L'histoire de Julien et d'Antonin » • feuille reproductible 13.2, « Carte de dilemme moral » en format 11 po sur 17 po ou sur transparent ***Par équipe:*** • 2 copies de la feuille reproductible 13.2, « Carte de dilemme moral » ***Par élève:*** • feuille reproductible 13.3, « Ma réflexion personnelle sur l'histoire de Julien et d'Antonin »
Structure coopérative	• penser, pairer, partager • entrevue en trois phases
Formation des groupes	• groupes de base de 4 élèves • sous-groupes de 2 élèves
Préalables	L'enseignante détermine à l'avance la composition des groupes de base et leur division en deux sous-groupes.
Pistes d'observation	***Compétence disciplinaire*** • énumérer des solutions réalistes appropriées au contexte ; • prévoir les conséquences positives et négatives de ces solutions. ***Compétence transversale*** • prendre en considération différentes opinions.

Activité

Amorce

L'enseignante raconte l'histoire de Florence (feuille reproductible 13.1, «L'histoire de Florence – L'histoire de Julien et d'Antonin»). En grand groupe, elle amorce une discussion sur ce cas à l'aide de la feuille reproductible 13.2, «Carte de dilemme moral». Elle amène les élèves à énoncer différentes solutions possibles. Ils doivent se positionner face à ces solutions et justifier leur choix. L'enseignante annonce ensuite le travail à faire et ses différentes étapes.

Déroulement de l'activité

Les élèves effectuent les tâches suivantes :

- écouter *L'histoire de Julien et d'Antonin* (feuille reproductible 13.1), lue par l'enseignante ;
- réfléchir en silence à la situation et aux sentiments provoqués par la situation chez chacun des personnages de l'histoire ;
- partager ses idées en sous-groupes de deux ;
- en groupes de base, discuter des idées soulevées par les deux sous-groupes. Pour ce faire, chaque élève présente les idées de son partenaire du sous-groupe ;
- choisir les idées qui ont l'accord du plus grand nombre de membres du groupe (tendre vers un consensus) et noter les décisions du groupe dans les cases 1 et 2 de la carte de dilemme moral (feuille reproductible 13.2) ;
- en grand groupe, échanger les différentes idées trouvées ;
- individuellement, en silence, essayer de trouver des solutions possibles à la situation de Julien et d'Antonin et de prévoir leurs conséquences ;
- en sous-groupes, partager les solutions ;
- revenir en groupes de base et discuter des idées trouvées par les deux sous-groupes, comme précédemment ;
- noter les décisions du groupe dans les cases 3 et 4 de la carte de dilemme moral (feuille reproductible 13.2) ;
- en grand groupe, énoncer les différentes solutions trouvées par les équipes ainsi que les prédictions de conséquences.

Rétroaction

Sur les apprentissages

L'enseignante amorce un débat sur les solutions apportées. Elle invite d'abord les élèves à mettre par écrit leur réflexion personnelle (feuille reproductible 13.3, partie 1). Ils partagent ensuite leurs réflexions. Les élèves font un retour sur leur réflexion, par écrit, à la lumière des opinions soulevées par les autres (feuille reproductible 13.3, partie 3). Enfin, ils discutent de cette réflexion en grand groupe.

Sur le processus de coopération

L'enseignante invite les élèves à réfléchir sur la difficulté d'arriver à un consensus et à parler de l'expérience vécue en leur posant les questions suivantes :

- Dans une situation comme celle-ci, faut-il arriver à un consensus à tout prix ? Pourquoi ?
- Y a-t-il des situations où il est préférable de faire des consensus ? Si oui, lesquelles ?
- La structure «penser, pairer, partager» a-t-elle été profitable à ce genre de discussion ?
- L'entrevue en trois phases a-t-elle été utile pour s'assurer que tous les membres du groupe participaient ?

Considérations

- Il est possible d'intégrer la feuille reproductible 13.3, «Ma réflexion personnelle...», au portfolio de l'élève.
- L'enseignante peut réutiliser cette activité avec d'autres dilemmes moraux.

L'histoire de Florence

Pour la fête de Pâques, Florence a apporté à l'école une cassette de musique que sa mère lui a prêtée. Son nom est écrit clairement sur la cassette. Le lundi suivant, son enseignante lui remet la cassette avant que le groupe s'en aille au cours d'éducation physique, à la fin de la journée. Florence apporte la cassette avec elle, mais elle l'oublie sur un banc au gymnase.

Mathieu trouve la cassette de Florence et voit son nom écrit dessus. Il la montre à Mohammed. Celui-ci la prend dans ses mains… Une fois le cours terminé, les deux garçons vont se changer aux vestiaires et en profitent pour montrer la cassette à leur groupe d'amis. Dehors, dans la cour d'école qui se vide tranquillement, ils se mettent à se lancer la cassette. Soudain, le ruban se déroule peu à peu. Étienne accroche le ruban qui se déroule complètement. La cassette tombe par terre. Mathieu la piétine et jette les morceaux dans une poubelle.

Le lendemain, Florence, qui ne sait plus où se trouve sa cassette, demande aux élèves de la classe s'ils l'auraient vue. Certains garçons finissent par avouer qu'ils l'ont trouvée la veille, et qu'elle a été brisée.
Que doivent faire les garçons ?

L'histoire de Julien et d'Antonin

Julien, un garçon de 10 ans, se plaint souvent de ce que ses parents sont très sévères et ne lui laissent jamais rien faire. Un jour, il y a une soirée organisée chez des amis pour regarder des vidéos. Lorsque Julien demande à ses parents la permission d'y aller, ils refusent en disant que ces jeunes ont mauvaise réputation. Julien est très fâché et décide d'y aller quand même, mais dit à ses parents qu'il passera la soirée chez Antonin, son meilleur ami.

Vers 21 h 30, la mère de Julien appelle chez Antonin pour savoir à quelle heure Julien pense rentrer à la maison. Naturellement, Julien n'y est pas et Antonin sait très bien qu'il est à la soirée avec ses amis. Antonin ne sait plus quoi faire. Il se demande s'il devrait dire la vérité à la mère de Julien ou bien lui dire que Julien vient tout juste de partir, puis avertir Julien en lui téléphonant à la soirée…

Antonin devrait-il dire la vérité à la mère de Julien ou protéger son ami ?

Carte de dilemme moral

1. Situation	**2.** Sentiments provoqués
3. Solution	**4.** Conséquences positives et sentiments provoqués par la solution

Ma réflexion personnelle
sur l'histoire de Julien et d'Antonin

1. Remplis cette partie individuellement.

Voici la solution que j'ai choisie :

_____

_____

J'ai choisi cette solution parce que :

_____

_____

2. Lis ta solution et tes arguments aux élèves de ta classe.

3. Remplis cette partie individuellement.

Ai-je changé d'idée ?   ☐ oui   ☐ non

Si oui, voici les arguments des autres qui m'ont fait changer d'opinion :

_____

_____

_____

Sinon, voici pourquoi les arguments des autres n'ont pas changé mon opinion :

_____

_____

_____

_____

4. Partage avec les autres ce que tu viens de découvrir.

ACTIVITÉ 14

L'encyclopédie des sports

⊗ **Compétence disciplinaire**
Écrire des textes variés.

Composante
L'élève utilise les stratégies,
les connaissances et
les techniques requises
par la situation d'écriture.

**Activité
d'apprentissage**
Bâtir une encyclopédie
des différentes catégories
de sports et l'afficher
à la bibliothèque
ou au gymnase.

⊗ **Domaine
d'apprentissage**
Français, langue
d'enseignement

⊗ **Compétence transversale
d'ordre méthodologique**
Exploiter les technologies
de l'information et
de la communication (TIC).

Composante
L'élève utilise les technologies
de l'information et de
la communication pour
effectuer une tâche.

⊗ **Domaine général de formation**
Orientation et entrepreneuriat

*L'axe de développement porte sur
l'appropriation des stratégies liées
à un projet, notamment sur
les stratégies associées aux diverses
facettes de la réalisation d'un projet.*

Préparation

Matériel	*Pour la classe:* • encyclopédies sur divers sujets, sauf sur les sports *Par équipe:* • gros crayons feutre de trois couleurs : noir, vert et rouge • 2 feuilles de 11 po sur 17 po • quelques tablettes de notes autocollantes
Structure coopérative	Partage simultané des idées
Formation des groupes	• groupes de base de 4 élèves • grand groupe
Préalables	L'enseignante s'assure que les élèves connaissent différentes collections d'encyclopédies et en ont déjà feuilleté. Si c'est le cas, les différentes parties d'une définition (mot, définition, exemples, etc.) leur sont familières. Elle vérifie aussi s'ils connaissent la calligraphie à l'ordinateur (polices, styles, etc.). Elle apporte en classe des accessoires de sports, peu connus si possible (elle peut aussi demander aux élèves d'en apporter).
Pistes d'observation	*Compétence disciplinaire* • évoquer les stratégies apprises relativement à l'orthographe d'usage et grammaticale ; • corriger les phrases incorrectes sur le plan syntaxique. *Compétence transversale* • appliquer des stratégies de dépannage appropriées lorsque survient une difficulté.

Activité

Amorce

L'enseignante expose un peu partout dans la classe tous les articles ayant un lien avec les sports, que les élèves et elle-même ont apportés. Elle invite les élèves à visiter cette exposition improvisée. Elle amorce ensuite une discussion à partir des observations et des questions des élèves soulevées pendant la période d'observation : nommer les sports représentés, les ressemblances, les différences, etc. Elle amène les élèves à faire des regroupements et leur demande sur quels critères ils se basent pour grouper des sports ensemble. L'enseignante explique la tâche puis distribue deux sports par groupe de base. Elle veille à ce que chaque équipe reçoive des sports qui ont des caractéristiques très différentes (ex. : la luge, le volley-ball, le judo).

Déroulement de l'activité

Les élèves effectuent les tâches suivantes :

Trouver des caractéristiques

- En groupes de base, faire la liste des caractéristiques des deux sports ;
- préparer une présentation des caractéristiques des sports aux autres groupes de base et recevoir leurs idées au moyen de la structure « partage simultané des idées » : deux élèves de l'équipe iront chercher les idées et deux élèves resteront à la table pour partager les idées avec les représentants des autres équipes ;
- en groupes de base, mettre en commun les idées que les autres équipes ont apportées, vérifier si ces caractéristiques peuvent concerner les sports de l'équipe ;
- choisir les idées à intégrer au travail et à laisser de côté, noter les raisons ;
- pour chacun des deux sports, inscrire le nom du sport et ses caractéristiques sur une feuille de 11 po sur 17 po, selon le code de couleur suivant : en noir, les caractéristiques trouvées par le groupe de base ; en vert, les caractéristiques des autres équipes adoptées après le partage simultané des idées et en rouge, celles qui n'ont pas été intégrées au travail ;
- afficher les feuilles ;
- circuler pour prendre connaissance des affiches et laisser des commentaires sur des notes autocollantes.

Établir des catégories

- En groupes de base, dresser la liste de tous les sports affichés et les grouper en catégories en fonction des caractéristiques communes ;
- nommer les catégories ;
- faire un partage simultané des idées pour les catégories
- ajuster le travail en fonction des résultats du partage d'idées ;
- en grand groupe, effectuer un retour sur les catégories trouvées ; intégrer les ajustements de vocabulaire suggérés par l'enseignante.

Définir

- Pour la catégorie attribuée à l'équipe par l'enseignante, écrire une définition à l'aide des caractéristiques et donner des exemples de sports ;
- corriger les fautes d'orthographe et de syntaxe ;
- écrire la définition au propre, à l'ordinateur, sur un document commun qui compile les définitions de chaque équipe ;
- afficher ce document à la bibliothèque, au gymnase ou ailleurs.

Rétroaction

Sur les apprentissages

L'enseignante pose les questions suivantes aux élèves :

- Qu'avez-vous aimé dans cette activité ? Qu'est-ce que vous n'avez pas aimé ?
- Quelles difficultés avez-vous rencontrées ?
- Comment avez-vous fait pour corriger la syntaxe ?
- Comment avez-vous appliqué les stratégies apprises relativement à l'orthographe d'usage et grammaticale ?
- À l'ordinateur, quelles difficultés avez-vous rencontrées ? Quelles solutions avez-vous trouvées ?
- L'habileté à définir est-elle une habileté dont on se sert souvent dans la vie de tous les jours ? Qui doit souvent « définir » dans son métier ou sa profession ?
- Est-ce que l'habileté à définir est une habileté intellectuelle que vous souhaitez développer ? Pourquoi ?

Sur le processus de coopération

L'enseignante amène les élèves à déterminer les avantages et les limites de la structure « Partage simultané des idées » d'abord en groupes de base, puis en grand groupe.

Considérations

Cette activité peut convenir à d'autres domaines que les sports : instruments de musique, peintures, poèmes, problèmes mathématiques qui exigent des stratégies différentes, erreurs de grammaire possibles, etc.

ACTIVITÉ 15

Voyage au pays des contes

⭐ **Compétence disciplinaire**
Lire des textes variés.

Composante
L'élève utilise le contenu
des textes à diverses fins.

⭐ **Domaine
d'apprentissage**
Français, langue
d'enseignement.

**Activité
d'apprentissage**
S'initier à la structure des
contes par la lecture.

⭐ **Compétence transversale de
l'ordre de la communication**
Communiquer de façon
appropriée.

⭐ **Domaine général de formation**
Vivre-ensemble et citoyenneté

*L'axe de développement porte sur
l'engagement dans l'action dans
un esprit de coopération et
de solidarité, notamment
sur le processus de prise de décision
(consensus, compromis, etc.).*

Composante
L'élève réalise la communication.

Préparation

Matériel	***Par équipe:*** • exemplaire de chacun des contes (*voir* la rubrique Considérations) • feuille reproductible 15.2, section «Notre personnage préféré» ***Par élève:*** • crayon • feuille reproductible 15.1, «Schéma circulaire» ***Par groupe d'experts:*** • feuille reproductible 15.2, section «Les points de discussion»
Structure coopérative	Découpage
Formation des groupes	• groupes de base de 4 élèves • groupes d'experts
Préalables	Les élèves doivent avoir déjà résumé collectivement au moins un conte à l'aide d'un organisateur graphique, par exemple un schéma circulaire (feuille reproductible 15.1).
Pistes d'observation	***Compétence disciplinaire*** • classer les éléments d'information issus d'un texte à l'aide d'outils de consignation relativement simples. ***Compétence transversale*** • interagir avec ouverture.

Activité

Amorce

L'enseignante interroge les élèves sur le théâtre :
- Avez-vous déjà vu des pièces de théâtre ?
- Y a-t-il divers types de théâtre ?
- Connaissez-vous le théâtre d'ombres ?
- Connaissez-vous les étapes à suivre pour préparer une pièce de théâtre d'ombres ?

Elle annonce aux élèves quel sera le projet final : monter une pièce de théâtre d'ombres à partir de la lecture des contes. Ensuite, elle explique la finalité de cette étape : déterminer quel personnage, parmi quatre ou cinq contes, les élèves de chaque équipe préfèrent. Ceux-ci seront amenés à faire consensus sur le choix du personnage et à justifier ce choix.

Déroulement de l'activité

Les élèves effectuent les tâches suivantes :
- en groupes de base, choisir une méthode pour déterminer qui lira quel conte ;
- répartir les contes ;
- lire les contes individuellement, puis les résumer à l'aide du schéma circulaire (feuille reproductible 15.1) ;
- former des groupes d'experts (selon le conte choisi) ;
- vérifier la compréhension du conte en s'inspirant de la liste de points de discussion (feuille reproductible 15.2) ;
- ajuster les notes prises sur le schéma circulaire au besoin ;
- préparer le compte-rendu à faire aux groupes de base et le répéter ;
- de retour dans les groupes de base, raconter chaque conte aux autres membres du groupe ; s'inspirer de la liste de points de discussion pour enrichir le compte-rendu ;
- après tous les comptes-rendus, choisir un personnage préféré parmi tous, et justifier ce choix (feuille reproductible 15.2, « Notre personnage préféré ») ;
- établir un consensus.

Rétroaction

Sur les apprentissages

L'enseignante procède à une mise en commun de la tâche collective. Chaque groupe de base nomme un porte-parole qui explique aux autres pour quelle raison le personnage a été choisi. Le porte-parole affiche le document « Notre personnage préféré » (feuille reproductible 15.2, 2e section).

L'enseignante invite les élèves à décrire les difficultés rencontrées lorsqu'ils ont rempli le schéma circulaire et les solutions qu'ils ont trouvées.

Avec eux, elle discute des difficultés à faire preuve d'ouverture face aux interactions de tous les membres de l'équipe.

Sur le processus de coopération

L'enseignante identifie avec les élèves les moyens mis en place pour faciliter le consensus en leur posant les questions suivantes :
- Quels sont les avantages et les limites de la structure du découpage ?
- Quelles habiletés devez-vous développer de façon particulière pour accomplir cette tâche ?
- Croyez-vous avoir réussi ? Pourquoi ?

Considérations

- L'enseignante peut utiliser les contes du projet 5 de : Françoise Dulude, *Signet*, livre A, Éditions du renouveau pédagogique inc., Saint-Laurent, 1997, p. 161 à 178, ou en choisir d'autres.
- L'enseignante doit vérifier le choix du texte selon les difficultés afin que l'élève ne se retrouve pas en situation d'échec devant ses pairs. Elle peut aussi désigner elle-même les textes que chaque élève lira.
- Le QUI du schéma circulaire est la liste des personnages importants, des héros du conte. Le QUOI est composé des aventures vécues par le ou les héros, y compris l'événement déclencheur. Le QUAND est le moment où se passe l'action du conte (un moment de la journée, de l'année, une saison, etc.). Le OÙ identifie le lieu de l'action (pays, contrée, paysage, région, etc.).
- Il est à noter que **la production d'une pièce de théâtre d'ombres** est développée, dans cet ouvrage, tout au long des activités suivantes (dans l'ordre) :

Activité 15, Voyage au pays des contes

Activité 16, Prête-moi ta plume

Activité 17, Les scénaristes en herbe

Activité 18, Des marionnettes et des décors

Activité 19, Avis à tous et à toutes !

Schéma circulaire

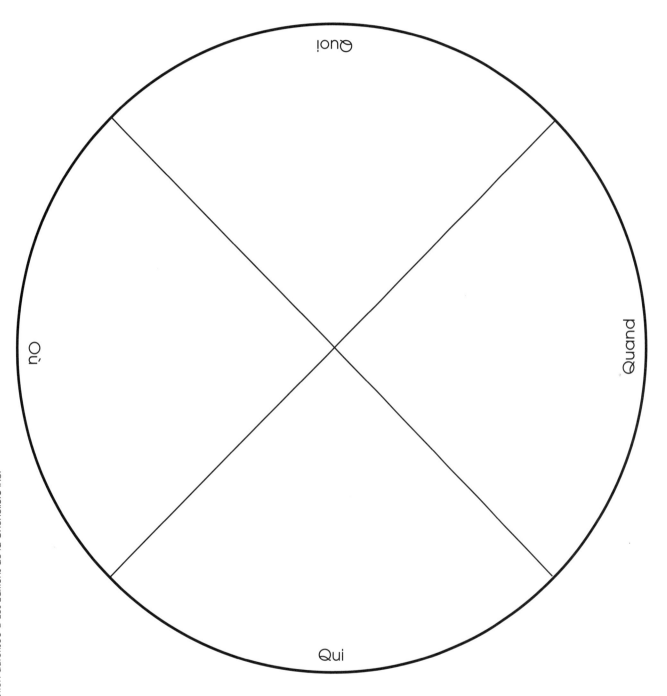

Quoi

Où

Quand

Qui

Les points de discussion

1. Quels sont les personnages principaux ?

2. Qui est le héros ?

3. Où et quand l'histoire se passe-t-elle ?

4. Quelle est la situation initiale ?

5. Quel est l'événement déclencheur ?

6. Quelles aventures le héros vit-il ?

7. Comment l'histoire se conclut-elle ?

Notre personnage préféré

Personnage : _____

Raisons : _____

_____

_____

_____

_____

_____

_____

ACTIVITÉ 16
Prête-moi ta plume

⭐ **Compétence disciplinaire**
Écrire des textes variés.

Composante
L'élève exploite l'écriture
à diverses fins.

⭐ **Domaine général de formation**
Médias

L'axe de développement porte sur l'appropriation du matériel et des codes de communication médiatique, notamment sur la procédure de production et de construction de produits médiatiques.

Activité d'apprentissage
Écrire un conte
collectif.

⭐ **Domaine d'apprentissage**
Français, langue
d'enseignement

⭐ **Compétence transversale d'ordre intellectuel**
Mettre en œuvre sa pensée créatrice.

Composante
L'élève adopte
un fonctionnement souple.

Préparation

Matériel	**Par équipe :**	**Par élève :**
	• grande feuille pour le « Graffiti collectif » • feuille reproductible 15.1, « Schéma circulaire », de l'activité précédente (page 65) • 4 feutres de couleurs différentes • crayon surligneur • 4 ou 5 feuilles de 11 po sur 17 po	• 2 ou 3 feuilles mobiles • crayon à mine

Structure coopérative	• graffiti collectif	• table ronde simultanée

Formation des groupes	Groupes de base de 4 élèves

Préalables	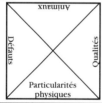	L'enseignante s'assure que les élèves ont déjà travaillé avec le schéma circulaire et qu'ils ont déjà fait des critiques constructives sur le travail d'un autre élève. Elle prépare le matériel et peut découper à l'avance les feuilles de schéma circulaire. Pour le graffiti collectif, elle prévoit de grandes feuilles de type tableau de conférence ou toutes autres feuilles qui ont un grand format. Elle prépare une feuille par groupe comme le modèle ci-contre.

Pistes d'observation	*Compétence disciplinaire* • explorer des idées liées au projet d'écriture, individuellement et en groupe. *Compétence transversale* • anticiper l'issue de la démarche.

Activité

Amorce

L'enseignante fait un retour sur l'activité 15, Voyage au pays des contes, puis rappelle aux élèves que le but ultime de l'activité est l'écriture d'une pièce de théâtre d'ombres. Ils abordent la création et l'écriture de l'histoire. L'enseignante peut aussi définir certains termes peut-être inconnus des élèves : remue-méninges, parapher, etc.

Déroulement de l'activité

Les élèves effectuent les tâches suivantes :
Remue-méninges pour créer des personnages
• Sur la grande feuille de graffiti collectif, en silence et sans se consulter, noter avec un feutre des noms communs d'animaux, des qualités, des défauts et des particularités physiques (par exemple, une tache noire autour de l'œil gauche). Passer environ cinq minutes devant chaque partie du graffiti ;

- en silence, lire toutes les parties du graffiti collectif et parapher les idées des autres qui semblent intéressantes. Passer environ trois minutes devant chaque partie du graffiti ;
- laisser le graffiti collectif sur la table pour consultation ultérieure.

Remue-méninges pour créer le plan du conte

- En groupes de base, distribuer les parties du schéma circulaire (feuille reproductible 15.1 de l'activité précédente) ;
- en silence et sans se consulter, écrire à la mine toutes les idées dans les parties OÙ, QUAND et QUOI afin de se faire une banque d'idées de l'endroit, du moment et des actions possibles du conte ;
- pour remplir la partie QUI (personnages), choisir un animal, sa qualité, son défaut et sa particularité physique à partir de la collecte d'idées du graffiti collectif ; l'idée choisie doit porter le paraphe d'au moins un élève de l'équipe ;
- raturer chaque élément choisi pour ne pas le reprendre de nouveau ;
- en groupes de base, lire toutes les idées inscrites sur chaque partie du schéma circulaire ;
- essayer de faire un consensus sur le choix d'un OÙ, d'un QUAND, de deux QUI et d'un ou de plusieurs QUOI ;
- encercler chacun des choix.

Écriture d'une version individuelle de l'histoire

- À partir des choix indiqués sur le schéma circulaire de l'équipe, écrire individuellement une première version de l'histoire sur des feuilles mobiles. (L'enseignante aura photocopié les schémas circulaires pour que chaque élève ait sa copie de travail.)

Lecture des contes de chacun

- En groupes de base, lire son conte aux autres ;
- surligner des extraits que les autres membres de l'équipe trouvent intéressants dans chacun des contes ;
- découper au moins deux extraits surlignés dans chaque conte, les placer dans le bon ordre sur des feuilles de 11 po sur 17 po en ajoutant entre chacun du texte qui donne du sens à l'histoire ;
- quand tout le monde est d'accord, coller les extraits choisis ;
- relire l'histoire au complet afin de s'assurer qu'elle est facile à comprendre.

Rétroaction

Sur les apprentissages

L'enseignante doit maintenant préparer les élèves à s'autocritiquer. Elle leur rappelle que le but de l'exercice est de permettre à chacune des équipes de rendre son conte le plus clair possible pour le public et donne des exemples de critique constructive

accompagnée de proposition (ex. : Je ne comprends pas comment le renard se rend à l'autre bout du pays. Peut-être pourriez-vous indiquer un moyen de transport ?). Elle amène les élèves à réfléchir sur les sentiments vécus par les personnes recevant la critique afin de faire voir la richesse d'une critique constructive. Elle les invite à évaluer les points soulevés par la critique : Peuvent-ils améliorer le conte et le rendre plus accessible au public ? Ont-ils un effet sur la qualité du contenu et sa compréhension ? Les réponses à ces questions permettent d'accepter la critique ou de la rejeter. L'enseignante fait lire les contes par des porte-parole désignés à l'avance par l'équipe. Les autres membres de l'équipe écoutent et notent au besoin les critiques constructives et les propositions des membres des autres équipes. Au besoin, elle demande aux élèves de retravailler le texte en groupes de base à l'aide des critiques et propositions reçues.

Sur le processus de coopération

L'enseignante pose les questions suivantes aux élèves :

- Quels sont les avantages et les inconvénients du graffiti collectif ?
- A-t-il été facile ou difficile de choisir un extrait de chacune des histoires pour bâtir le conte collectif ? Quelles difficultés avez-vous rencontrées ? Quelles solutions avez-vous appliquées pour réussir ? Quels sont les avantages et les inconvénients de la table ronde simultanée ?
- Avez-vous vécu des conflits ? Si oui, comment les avez-vous réglés ?

Considérations

- Pour un modelage plus efficace, il peut être intéressant que l'enseignante ait fait l'activité et gardé un exemple visuel de chacune des étapes : un graffiti collectif et un schéma circulaire remplis, un texte surligné et une mise en commun de plusieurs textes sur des feuilles de 11 po sur 17 po.
- Les première et deuxième étapes de la rétroaction sont facultatives.
- On peut réunir les contes des élèves en un recueil de contes à mettre à la bibliothèque de l'école.
- Il est à noter que **la production d'une pièce de théâtre d'ombres** est développée, dans cet ouvrage, tout au long des activités suivantes (dans l'ordre) :

Activité 15, Voyage au pays des contes

Activité 16, Prête-moi ta plume

Activité 17, Les scénaristes en herbe

Activité 18, Des marionnettes et des décors

Activité 19, Avis à tous et à toutes !

Les scénaristes en herbe

⭐ **Compétence disciplinaire**
Lire des textes variés.

Composante
L'élève utilise le contenu
des textes à diverses fins.

⭐ **Domaine général de formation**
Médias

*L'axe de développement porte sur
l'appropriation du matériel et des
codes de communication médiatique,
notamment sur l'utilisation
de techniques et de langages divers.*

**Activité
d'apprentissage**

Scénariser un conte dans
le but d'en faire une pièce
de théâtre d'ombres.

⭐ **Domaine
d'apprentissage**

Français, langue
d'enseignement

⭐ **Compétence transversale
d'ordre intellectuel**
Résoudre des problèmes.

Composante
L'élève analyse
les éléments de la situation.

Préparation

Matériel	***Par équipe :*** • environ 5 exemplaires de la feuille reproductible 17.1, « Aide à la scénarisation » ***Par sous-groupe :*** • conte (*voir* la rubrique « Préalables ») • environ 5 exemplaires de la feuille reproductible 17.1, « Aide à la scénarisation » • crayon à la mine • gomme à effacer
Structure coopérative	Vérification par les pairs
Formation des groupes	• groupes de base de 4 élèves • sous-groupes de 2 élèves
Préalables	Dans les jours précédant l'activité, l'enseignante montre aux élèves comment utiliser l'aide à la scénarisation par une démonstration (feuille reproductible 17.1). Les élèves choisissent à l'avance un conte à scénariser (ce peut être un conte déjà réalisé ou un conte qu'ils ont composé eux-mêmes). L'enseignante leur indique de quels éléments d'un conte il faut tenir compte et leur montre comment on peut les situer sur le schéma. Elle peut leur donner des exemples à partir d'un conte connu (par exemple, un conte des frères Grimm). De plus, elle précise qu'il faut considérer le narrateur comme un personnage qui contribue grandement au texte (dialogue), mais pas à l'action. L'enseignante attribue oralement à chaque membre des groupes un numéro (de 1 à 4). Elle annonce que les groupes de base seront divisés en deux pour cette étape de travail. Les élèves 1 et 3 formeront un sous-groupe, et les élèves 2 et 4 formeront l'autre sous-groupe.
Pistes d'observation	***Compétence disciplinaire*** • classer les éléments d'information provenant d'un texte à l'aide de schémas, de tableaux ou de diagrammes ; • dégager les éléments d'information implicites dans un texte. ***Compétence transversale*** • adapter la solution à la situation.

Activité

Amorce

L'enseignante fait un retour sur l'activité 16, Prête-moi ta plume, puis rappelle aux élèves que le but ultime de l'activité est l'écriture d'une pièce de théâtre d'ombres. Elle présente l'étape qu'ils vont réaliser : la scénarisation du conte collectif. Elle leur fait chercher le mot « scénario » dans le dictionnaire. À partir de cette définition, elle vérifie la compréhension du but de la scénarisation, qui est de bâtir un plan du conte dans lequel on retrouve les indications scéniques.

Déroulement de l'activité

Les élèves effectuent les tâches suivantes :

- pour chaque sous-groupe, un élève est responsable de lire le conte, l'autre d'écrire les éléments de la scénarisation, mais le travail se fait en dialectique, à deux ;
- remplir uniquement les colonnes « Personnage », « Action » et « Dialogue » ;
- en groupe de base, mettre en commun les deux versions de scénarisation et retenir les meilleurs éléments pour produire une troisième version ;
- remplir la colonne « Décor » en tenant compte du scénario et d'une contrainte : il y aura un maximum de deux changements de décors, ce qui signifie trois décors différents, afin de ne pas distraire et importuner les spectateurs. Ces décors seront peints et serviront de fond de scène lors de la présentation de la pièce.

Rétroaction

Sur les apprentissages

L'enseignante pose les questions suivantes aux élèves :

- Quelles stratégies avez-vous utilisées pour choisir les meilleurs éléments de chacune des versions de la scénarisation écrites en sous-groupes ?
- Quelles difficultés avez-vous rencontrées ?
- Comment avez-vous réussi à vous limiter à trois décors ? A-t-il fallu changer l'histoire ?
- Y a-t-il des éléments que vous aviez oubliés dans la scénarisation faite en sous-groupes ?

L'enseignante peut faire réfléchir et verbaliser les élèves sur l'immense travail que constitue la production d'un film à partir d'un roman (par exemple, les films de Walt Disney sur les contes les plus connus des frères Grimm : Cendrillon, Blanche-Neige, etc.). Elle les amène à prendre conscience de ce qu'ils auraient à faire pour scénariser leur roman favori.

Sur le processus de coopération

L'enseignante pose les questions suivantes aux élèves :

- Quels sont les avantages et les limites de la vérification par les pairs ?
- Cette structure coopérative a-t-elle permis d'obtenir une plus grande qualité ? Pourquoi ?
- Avez-vous visé à obtenir un produit final de la meilleure qualité possible ?
- Est-ce que tous les membres du groupe ont parlé ?
- Est-ce que tous ont écouté ?
- Est-ce que tous ont participé au choix des meilleures idées ?

L'enseignante fait part aux élèves des comportements positifs qu'elle a observés durant l'activité. Elle nomme les élèves concernés et décrit les comportements qui ont contribué à un produit final d'une grande qualité : les gestes qu'elle a vus et les paroles qu'elle a entendues.

Considérations

- Cette activité pourrait mener vers la réalisation d'une bande dessinée. Dans ce cas, les élèves n'auraient pas de contrainte quant au nombre de décors. Ils pourraient dessiner les personnages sur des feuilles à part du décor, puis les coller sur le décor. Ils pourraient préparer les phylactères sur du papier de couleur claire puis les coller à leur tour sur le décor. Cette technique donne une apparence très professionnelle.
- On peut remplacer la pièce de théâtre d'ombres par une pièce enregistrée sur bande audio. Il faut dans ce cas modifier l'aide à la scénarisation (feuille reproductible 17.1), qui comportera les colonnes suivantes : « Personnage », « Dialogue », « Bruitage », « Musique ».
- Il est à noter que **la production d'une pièce de théâtre d'ombres** est développée, dans cet ouvrage, tout au long des activités suivantes (dans l'ordre) :

Activité 15, Voyage au pays des contes

Activité 16, Prête-moi ta plume

Activité 17, Les scénaristes en herbe

Activité 18, Des marionnettes et des décors

Activité 19, Avis à tous et à toutes !

Aide à la scénarisation

Personnage Qui fait l'action ? Qui parle ?	Action Que se passe-t-il ? Que fait le personnage ?	Dialogue Que dit le personnage ? Que dit le narrateur ?	Décor Quel décor voit-on ?
			Page n° _____

Note à l'enseignante : reproduire sur des feuilles de 11 po sur 17 po.

ACTIVITÉ 18

Des marionnettes et des décors

⭐ **Compétence disciplinaire**

Réaliser des créations plastiques médiatiques.

Composante

L'élève exploite des idées de création inspirées par une proposition de création médiatique.

⭐ **Domaine général de formation**

Médias

L'axe de développement porte sur l'appréciation des représentations médiatiques de la réalité, notamment sur l'écart entre la réalité et sa représentation virtuelle ou fictive.

Activité d'apprentissage

Fabriquer des marionnettes et des décors de théâtre d'ombres.

⭐ **Domaine d'apprentissage**

Arts plastiques

⭐ **Compétence transversale d'ordre intellectuel**

Mettre en œuvre sa pensée créatrice.

Composante

L'élève s'engage dans une réalisation.

Préparation

Matériel	**Pour les groupes d'experts:** • copies des feuilles reproductibles 18.1, «Un décor de théâtre d'ombres», 18.2, «Une marionnette de théâtre d'ombres» et 18.3, «Un castelet de théâtre d'ombres»
Structure coopérative	Découpage
Formation des groupes	• groupes de base de 4 élèves • groupes d'experts
Préalables	Les élèves doivent avoir scénarisé un conte en groupe de base et avoir chacun une copie (activité 17, Les scénaristes en herbe). L'enseignante doit préparer un modèle de marionnette et un modèle de décor sur transparent pour illustrer le produit fini. Elle doit prévoir un endroit où installer le castelet. Elle doit aussi mélanger l'encre de couleur avec le vernis à gouache (deux parts de vernis pour une part d'encre). Les élèves doivent avoir déterminé les rôles de chaque membre du groupe: un décorateur (qui verra aux changements de décors), un narrateur (qui s'occupera aussi de bâtir le castelet) et deux marionnettistes. L'enseignante doit prévoir deux périodes, séparées d'au moins une heure, pour réaliser l'activité, puisqu'il faut attendre que l'encre mélangée au vernis sèche, sur les transparents, avant de dessiner les autres éléments de décor.
Pistes d'observation	***Compétence disciplinaire*** • traduire ses idées en images. ***Compétence transversale*** • raffiner sa production en fonction de critères pertinents.

Activité

Amorce

L'enseignante annonce aux élèves qu'ils arrivent à la dernière étape de la production de leur pièce de théâtre d'ombres : il ne restera plus que la publicité. Elle montre à tous quel sera le produit fini à l'aide de modèles de marionnettes et de décors.

Déroulement de l'activité

Les élèves effectuent les tâches suivantes :
- former des groupes d'experts en fonction des rôles des élèves et prendre l'une des feuilles reproductibles 18.1, 18.2 ou 18.3 ;
- fabriquer les décors, les marionnettes et le castelet selon les consignes des feuilles reproductibles.

Rétroaction

Sur les apprentissages

L'enseignante invite les élèves à partager le résultat des travaux en groupes d'experts avec les membres de leur groupe de base. Elle pose la question suivante aux élèves :
- Quelles sont les ressemblances et les différences entre le produit fini et l'image que s'était faite chaque membre du groupe de base des marionnettes ? du groupe des décors ? du groupe du castelet ?

En grand groupe, les élèves discutent de leur expérience, de leurs découvertes, des difficultés rencontrées et des solutions trouvées.

L'enseignante amène les élèves à répondre aux questions suivantes afin qu'ils expriment leurs sentiments sur ce qu'ils ressentent face à l'œuvre qu'ils ont accomplie.
- Saviez-vous que vous étiez capables de réaliser un spectacle avec autant d'ampleur ?
- Quel est le secret de votre réussite jusqu'ici ?
- Que devriez-vous améliorer une prochaine fois ?

Sur le processus de coopération

L'enseignante pose les questions suivantes aux élèves :
- Quels sont les avantages de la structure du découpage ?
- Croyez-vous que les tâches ont été bien distribuées ? Pourquoi ?

L'enseignante fait verbaliser les enfants sur les sentiments vécus à l'aide des questions :

- La responsabilité de chacun est-elle importante ?
- Qu'est-ce que cela fait d'être interdépendants et de compter les uns sur les autres ?
- Si vous deviez revivre une expérience de ce genre, à quel groupe d'experts aimeriez-vous appartenir ?

Considérations

- En amorce, l'enseignante peut décider de ne pas expliquer les détails de fabrication des marionnettes et des décors. L'effet de surprise est plus grand lors de la mise en commun, à la fin de l'activité. Les élèves ressentent alors l'admiration que les autres leur portent, ce qui contribue au développement de la confiance en soi.
- Pour la fabrication des décors, des marionnettes et du castelet, l'aide d'adultes supplémentaires est pratiquement essentielle. S'il n'est pas possible d'avoir du « renfort », l'enseignante peut faire effectuer les trois ateliers en rotation et mettre les autres élèves au travail. L'enseignante ou l'adulte désigné doit surveiller les élèves de façon discrète, sans toutefois s'ingérer dans la réalisation du travail. Son rôle en est un de technicien à la sécurité des élèves dans la production de leur tâche (particulièrement auprès des marionnettistes, qui doivent manier le couteau à découper, et pour les constructeurs du castelet, qui devront peut-être déplacer des meubles, utiliser une brocheuse industrielle, des épingles, et monter sur des chaises).
- Durant la rétroaction, il est important de faire verbaliser les élèves sur leurs sentiments, car c'est là une étape qui les rend fébriles : ils vivent concrètement la réalisation d'une œuvre artistique et sentent approcher le moment de la représentation avec hâte et angoisse.
- Il est à noter que **la production d'une pièce de théâtre d'ombres** est développée, dans cet ouvrage, tout au long des activités suivantes (dans l'ordre) :
  Activité 15, Voyage au pays des contes
  Activité 16, Prête-moi ta plume
  Activité 17, Les scénaristes en herbe
  Activité 18, Des marionnettes et des décors
  Activité 19, Avis à tous et à toutes !

Un décor de théâtre d'ombres

En théâtre d'ombres, il est impossible de faire un décor en carton, puisque les lumières de la salle seront toutes éteintes durant la représentation et que le public ne verra pas bien. Il faut donc faire un décor tout en lumière. Vos décors seront des peintures translucides sur des transparents projetés à l'aide d'un rétroprojecteur.

Matériel

- groupe d'experts et d'expertes
- transparents (un par décor)
- trombones ou gommette bleue
- crayons–feutres de couleurs variées
- encre mélangée à du vernis (de couleurs variées) dans des contenants avec couvercle

- pinceaux (un par couleur d'encre)
- feuilles blanches (une par décor)
- crayon à mine
- gomme à effacer
- scénario

Consignes

1. Dessiner les décors à la mine sur des feuilles blanches, avec tous les détails. Au besoin, consulter le scénario pour ne rien oublier.

2. Fixer un transparent sur chacune des feuilles de décors à l'aide de gommette bleue ou de trombones.

3. À l'aide de l'encre mélangée à du vernis, peindre les décors sur les transparents. Attention ! il ne faut pas tout peindre, seulement les grosses formes. Laisser les détails de côté pour l'instant. Par exemple, si l'illustration comporte des fleurs dans du gazon, il faut peindre d'abord le gazon, sans les fleurs. S'il y a des ustensiles sur une table, il faut peindre d'abord la table, sans les ustensiles.
   Laisser sécher pendant au moins une heure. Quand le vernis sera sec, il deviendra translucide.

4. À l'aide de crayons-feutres, dessiner les détails laissés de côté plus tôt, comme des fleurs, des ustensiles, etc.

5. Quand tout est terminé, demander la permission aux experts et aux expertes du castelet d'« essayer » votre décor sur le tissu blanc qui sert d'écran. Allumer le rétroprojecteur pour projeter le transparent. Admirer !

Note : « Translucide » signifie que la lumière peut passer à travers.

Une marionnette de théâtre d'ombres

Il est toujours plus agréable pour le public de voir des marionnettes colorées. Comment peut-on en faire en théâtre d'ombres ? Il faut découper le contour de la marionnette dans du carton noir, découper l'intérieur puis y coller du papier de soie de couleur. Voilà une marionnette beaucoup plus intéressante !

Matériel

- crayon à mine
- gomme à effacer
- carton noir très rigide
- papier de soie de couleurs variées
- colle en bâton et colle blanche
- couteau à découper (un pour trois élèves)
- miroir ou tout autre objet pouvant servir de surface de travail pour le couteau à découper
- ciseaux
- ficelle
- ruban cache
- goujons (deux par marionnette)

Consignes

1. Dessiner le contour du personnage sur le carton noir. Il doit mesurer entre 30 et 40 cm de haut. Il peut être de face ou de profil. Découper.

2. À l'intérieur de la marionnette, dessiner des yeux, des narines, une mèche de cheveux, un collier ou un autre élément. Ces parties de carton noir seront remplacées par du papier de soie de couleur. Il faut visualiser le produit final.

3. À l'aide du couteau à découper, découper les parties dessinées à l'étape 2. Faire preuve d'une grande prudence avec le couteau à découper. Au besoin, demander l'aide d'un adulte.

4. Découper des morceaux de papier de soie et les coller sur la marionnette, là où il n'y a plus de carton noir.

5. Au bout de deux goujons, fixer une ficelle à l'aide de ruban cache. Il faut laisser dépasser un bout de ficelle de 5 à 7 cm de long.

6. Fixer les deux goujons sur la marionnette. Coller seulement la ficelle qui dépasse, et pas le goujon même, à l'aide de colle blanche. Attention ! La ficelle ne doit pas toucher le papier de soie, sinon ce ne sera pas joli.

7. Une fois les deux goujons fixés sur la marionnette, la soulever, l'appuyer contre une fenêtre et la faire danser !

Un castelet de théâtre d'ombres

Avant qu'une pièce ne commence, le public doit souvent attendre 10, 15, parfois 20 minutes. À ce moment-là, il est toujours plus intéressant pour lui d'avoir un beau castelet à regarder. Ce castelet, vous allez le bâtir aujourd'hui. Il devra être solide et pratique, afin que les marionnettistes puissent y faire bouger leur marionnette. Il devra aussi être bien décoré.

Matériel

- 4 m² de tissu blanc (pour l'écran du castelet)
- plusieurs épingles à ressort
- grosse brocheuse industrielle («gun tacker») avec broches
- tissu rouge

- diverses décorations pour le castelet (magazines à découper, fleurs artificielles, papier de bricolage...)
- carton très rigide (ondulé) pour la structure servant à tenir le tissu blanc tendu
- meuble bas pour déposer le castelet

Consignes

1. D'abord, déterminer comment faire tenir le tissu blanc. C'est ce tissu qui servira d'écran aux décors. Première méthode : fabriquer un cadre de carton très rigide dont les côtés seront repliés vers l'avant afin de tenir debout sur un meuble et de résister à la pression des marionnettistes. Il faudra alors poser le tissu sur le cadre, de façon à ce qu'il soit très solide. Deuxième méthode : tendre le tissu entre deux meubles hauts, comme des étagères ou des tableaux sur roulettes. Pour soutenir le tissu, il est possible de fixer un manche à balai horizontalement sur le dessus des meubles et d'y suspendre le drap.

2. Il faut prévoir que derrière le tissu, il y aura le rétroprojecteur et les marionnettistes assis par terre. L'écran doit être assez haut pour qu'on ne voie pas la tête des marionnettistes.

3. Préparer le rétroprojecteur. Le placer sur un meuble (probablement une petite table ou un pupitre d'élève). Le rectangle de lumière projeté sur l'écran blanc devrait mesurer environ 150 cm de côté.

4. Pour accroître la qualité, coller deux bandes de carton noir le long du cadre du rétroprojecteur, horizontalement. Ainsi, le rectangle de lumière n'aura pas les coins arrondis. Le fixer à l'aide de ruban gommé.

5. Une fois l'écran fabriqué, placer le tissu rouge tout autour pour imiter un rideau de scène.

6. Il est maintenant temps de décorer le castelet. Choisir un thème de décoration. Par exemple, si tous les personnages sont des animaux, coller des images d'animaux. Si les pièces de théâtre parlent d'amitié, épingler des images de gens qui jouent ensemble. Une autre possibilité est d'inscrire le nom de chacun des personnages ou les titres des pièces de théâtre tout en couleur, avec une calligraphie fantaisiste. Il y a une grande variété d'éléments de décoration : fleurs séchées, images découpées dans des magazines, bricolages divers. L'imagination et l'originalité sont à l'honneur ! Le public aura tout son temps pour admirer votre beau castelet.

ACTIVITÉ 19

Avis à tous et à toutes!

⭐ **Compétence disciplinaire**

Écrire des textes variés.

Composante

L'élève utilise les stratégies, les connaissances et les techniques requises par la situation d'écriture.

⭐ **Domaine général de formation**

Médias

L'axe de développement porte sur l'appropriation du matériel et des codes de communication médiatique, notamment sur la procédure de diffusion de produits médiatiques.

Activité d'apprentissage

Élaborer la publicité d'un événement culturel.

⭐ **Domaine d'apprentissage**

Français, langue d'enseignement

⭐ **Compétence transversale d'ordre intellectuel**

Mettre en œuvre sa pensée créatrice.

Composante

L'élève imagine des façons de faire.

Préparation

Matériel   *Pour l'enseignante (facultatif):*
- magnétophone avec cassettes audio vierges
- magnétoscope avec bandes vidéo vierges

Par équipe:
- feuille pour la tempête d'idées sur la publicité
- 3 ou 4 exemplaires de la feuille reproductible 19.1, « Planification »
- feuille reproductible 19.2, « Évaluation de groupe »

Pour la classe:
- plusieurs ordinateurs (facultatif)
- grands cartons de différentes couleurs
- crayons-feutres
- tout matériel d'arts plastiques qui pourrait servir à la publicité (papier de bricolage, de soie, « brillants »...)

Structure coopérative   Partage des rôles

Formation des groupes   Groupes de base de 4 élèves

Préalables   Les élèves inviteront les élèves de l'école, les parents et toute autre personne qu'ils désirent à un événement culturel (par exemple, une série de pièces de théâtre montées par les équipes de coopération de la classe, une exposition des travaux d'arts plastiques, des stands d'une exposition thématique, etc.). Pour ce faire, ils devront connaître le lieu, la date et l'heure où se produira cet événement. Ils devront aussi savoir quelle est la clientèle visée par la publicité. L'enseignante fait à l'avance les photocopies nécessaires. Pour la tempête d'idées, elle prépare une feuille sur laquelle elle inscrit la question suivante : « Comment peut-on attirer des gens à notre pièce de théâtre ? » Elle organise aussi l'utilisation des technologies de l'information et de la communication (TIC) en classe ou au laboratoire (facultatif). L'enseignante prépare les élèves à donner une rétroaction sur le travail des autres équipes. Elle leur rappelle en quoi consiste une critique constructive en donnant des exemples. Elle les fait réfléchir sur les sentiments vécus par ceux qui recevront les critiques et leur rappelle que les critiques positives permettent de s'améliorer. Les élèves doivent connaître et avoir déjà travaillé avec les rôles suivants : animateur, intermédiaire, secrétaire et minuteur. L'enseignante répartit ces rôles dans les groupes.

Pistes d'observation   *Compétence disciplinaire*
- s'interroger sur la pertinence et la suffisance des idées retenues;
- ajouter des marques de prise en compte du destinataire et de ses besoins d'information.

Compétence transversale
- imaginer un scénario de réalisation.

Activité

Amorce

L'enseignante demande aux élèves s'ils sont déjà allés au théâtre ou au cinéma, et comment ils ont su où et quand l'événement avait lieu. Elle leur fait nommer les sources d'information possibles (affiches, annonces télévisées, lettres, dépliants…). Elle leur fait décrire les éléments des documents écrits en publicité (grosseur des lettres, calligraphie, couleurs, illustrations…). Elle leur fait prendre conscience de la façon d'attirer l'attention du public sur une information particulière. Elle leur rappelle la pièce de théâtre d'ombres qu'ils préparent et leur demande comment ils pourraient attirer des gens à la représentation.

Déroulement de l'activité

Les élèves effectuent les tâches suivantes :
- en groupes de base, faire une tempête d'idées pour répondre à la question suivante : « Comment peut-on attirer des gens à notre pièce de théâtre ? » ;
- discuter des idées trouvées et encercler les idées à garder, avec l'accord de tous les membres du groupe ;
- décrire la stratégie à adopter pour mettre en œuvre chacune des idées trouvées précédemment (feuille reproductible 19.1, une feuille par idée) ;
- répartir les tâches parmi les membres ;
- s'il y a lieu, indiquer les besoins de l'équipe en matériel ou en outils (par exemple : TIC) à l'enseignante ;
- sur des feuilles blanches, faire les plans du matériel publicitaire afin de montrer le mieux possible le résultat final ;
- montrer les plans à la classe en grand groupe ;
- donner une rétroaction sur le travail des autres et noter les critiques et suggestions apportées sur leur travail par les autres élèves ;
- de retour en groupes de base, discuter de la rétroaction reçue de la classe et apporter des changements s'il y a lieu ;
- faire une dernière correction des textes ;
- réaliser les outils de publicité corrigés et ajustés ;
- en grand groupe, présenter le résultat final à la classe ;
- procéder à la diffusion de la publicité (affichage, visite dans les classes, etc.).

Rétroaction

Sur les apprentissages

L'enseignante pose les questions suivantes aux élèves :
- Durant la planification, avez-vous éprouvé des difficultés ? Quelles solutions avez-vous appliquées ?
- Est-il difficile de prévoir les étapes d'un travail à faire ? Pourquoi ?
- À quoi sert la planification ?
- Quelles difficultés auriez-vous pu rencontrer si vous n'aviez pas fait la planification de votre travail ? Qui, dans son métier ou sa profession, doit prévoir les étapes de son travail ?
- Comment la planification peut-elle vous aider dans vos travaux scolaires quotidiens ?

Sur le processus de coopération

L'enseignante invite les élèves, en groupes de base, à évaluer leur travail (feuille reproductible 19.2).

Considérations

- Cette activité peut servir pour tout autre événement qui a besoin de publicité : exposition scolaire, spectacle de fin d'année, rencontre de parents…
- Il peut être intéressant d'élaborer une activité pour la préparation d'un programme (qui comporterait une introduction à la soirée, une liste des pièces avec le nom des interprètes et peut-être une courte description « appât » de la pièce, et une liste de remerciements) par les élèves, à l'ordinateur ou à la main. Il faudrait aussi prévoir des élèves pour distribuer le programme, par exemple des élèves dont la pièce de théâtre est la dernière et qui auront à attendre longtemps avant d'être actifs.
- Afin de laisser les élèves complètement responsables du projet, l'enseignante peut inscrire au tableau chacune des étapes du travail, suivi du temps alloué pour chacune des activités. Ainsi, les minuteurs pourront voir à respecter un temps de travail raisonnable.
- La feuille reproductible 19.2, « Évaluation de groupe », est un bon document à insérer dans un portfolio de groupe.
  Il est à noter que **la production d'une pièce de théâtre d'ombres** est développée, dans cet ouvrage, tout au long des activités suivantes (dans l'ordre) :
  Activité 15, Voyage au pays des contes
  Activité 16, Prête-moi ta plume
  Activité 17, Les scénaristes en herbe
  Activité 18, Des marionnettes et des décors
  Activité 19, Avis à tous et à toutes !

(19.1)

Planification

Animateur ou animatrice :

_____

Secrétaire :

_____

Intermédiaire :

_____

Minuteur ou minuteuse :

_____

Description de l'idée :

_____

_____

Matériel requis : _____

_____

_____

_____

_____

_____

_____

Besoin de l'informatique :

☐ oui   ☐ non

Étapes de travail :

1. _____

   _____

2. _____

   _____

3. _____

   _____

4. _____

   _____

5. _____

   _____

6. _____

   _____

7. _____

   _____

Distribution des tâches :

_____fera_____

_____

_____fera _____

_____

_____fera _____

_____

_____fera _____

_____

_____fera _____

_____

_____fera _____

Évaluation de groupe

Vert : Très bien
Jaune : À améliorer
Rouge : Catastrophe
Noir : Ne s'applique pas

Tous les membres du groupe ont participé à la production de la publicité.	
Tous les membres du groupe ont donné des idées ou des opinions.	
L'animateur ou l'animatrice a vu à ce que tous respectent le droit de parole et puissent s'exprimer.	
Quand l'intermédiaire a demandé de l'aide à l'adulte, il ou elle a bien rapporté les informations.	
Grâce au minuteur ou à la minuteuse, le groupe a terminé le travail à temps.	
Le ou la secrétaire a bien pris toutes les idées en note.	
Chaque membre du groupe a bien réalisé sa tâche.	
Un membre du groupe a proposé de l'aide à un autre membre de l'équipe.	
Nous avons réglé les conflits pacifiquement.	

Voici ce dont nous sommes très fiers ou fières : _____

_____

_____

Voici ce que nous voulons améliorer pour la prochaine fois : _____

_____

_____

ACTIVITÉ 20

En croisière sur la mer des découvertes[6]

✪ Compétence disciplinaire

Comprendre des situations
de vie en vue de construire
son référentiel moral.

Composante

L'élève justifie les repères
pour agir qu'il retient.

✪ Domaine général de formation

Santé et bien-être

*L'axe de développement porte sur
la conscience de soi et de ses besoins
fondamentaux, notamment sur
le besoin d'actualisation de soi.*

**Activité
d'apprentissage**

Accroître sa compréhension
de soi et des autres et
faire son portrait moral.

**✪ Domaine
d'apprentissage**

Enseignement moral

**✪ Compétence transversale
d'ordre personnel et social**

Structure son identité.

Composante

L'élève met à profit ses
ressources personnelles.

Préparation

Matériel	*Pour l'enseignante :* • 6 affiches (grands cartons) • feuille reproductible 20.1, «Luana, la pêcheuse de perles» *Par groupe de base :* • feuille reproductible 20.1, «Luana, la pêcheuse de perles» • jetons de conversation • 8 feuilles blanches (8 ½ po sur 11 po) • 4 exemplaires de chacune des feuilles reproductibles 20.2 à 20.4 *Par élève :* • crayon vert • crayon rouge
Structure coopérative	• à tour de rôle • partage des rôles
Formation des groupes	• groupes de base • groupes de projet
Préalables	L'enseignante situe le contexte de l'activité en annonçant aux élèves qu'ils feront collectivement une croisière en groupe de base. Ils feront escale sur plusieurs îles : l'île des qualités, l'île des valeurs, l'île des sentiments, l'île des ambitions, l'île des talents et l'île des réussites. Ce voyage s'opère au cœur de soi-même et des autres. L'enseignante demande aux élèves de trouver la définition du mot qui nomme l'île à l'aide de la référence de leur choix. Lorsque les élèves ont noté leur définition, ils la présentent à tour de rôle aux membres de leur groupe. L'enseignante anime un échange avec toute la classe afin de convenir d'une compréhension commune pour chacune des îles. Elle construit la définition à partir des découvertes des élèves et l'inscrit sur une affiche. Elle installe les six affiches à différents endroits de la classe dans le but de situer les escales.

---

6. Cette activité s'inspire du matériel pédagogique du CLSC des Maskoutains.

Elle invite les élèves à se confectionner un passeport afin de garder des traces de leur passage sur les îles.

L'enseignante rappelle aux élèves de parler à voix basse et d'attendre qu'une île soit déserte avant de s'y rendre.

Pistes d'observation	*Compétence disciplinaire*
	• identifier des paroles et des gestes d'encouragement, de soutien et d'appui ;
	• coopérer avec les membres du groupe pour trouver des solutions satisfaisantes pour tous à un problème.
	Compétence transversale
	• connaître ses ressources, ses capacités et ses limites actuelles.

Activité

Amorce

L'enseignante lit l'allégorie « Luana, la pêcheuse de perles » (feuille reproductible 20.1) et demande aux groupes de base de réaliser la tâche. Elle peut animer un échange sur les conseils trouvés par les élèves.

L'enseignante invite les élèves à réaliser la tâche du groupe de projet.

Voici la tâche des groupes de projet :
• Aller se placer sous l'affiche qui correspond à l'île qu'ils aimeraient explorer en groupe de projet (maximum de 5 élèves).
• Réaliser la partie de travail individuel de leur île afin de bien comprendre ce que l'île signifie.
• Échanger sur le contenu de leur réflexion personnelle
• Préparer un défi à faire vivre aux visiteurs. Il doit s'agir d'une tâche courte (environ 5 minutes), par exemple répondre à quelques questions, compléter des phrases, établir une liste, etc. Ils doivent préciser les consignes sur une feuille de 8 po sur 11 po, car ils ne seront pas là pour aider les visiteurs.
• Également, faire la liste des moyens que les habitants d'une île pourraient exiger des visiteurs afin qu'ils laissent une trace de leur passage sur l'île.
• Organiser l'espace afin d'accueillir les visiteurs.
• Par la suite, chaque groupe de base partira en croisière au même moment afin de mieux se connaître et de découvrir les autres.

Déroulement de l'activité

Les élèves effectuent les tâches suivantes :
• en groupes de base, partir en croisière avec leur passeport et visiter les îles une à une ;
• réaliser le travail individuel demandé sur chaque île ;

• répartir les rôles suivants dans chaque groupe : facilitateur, scripteur, intermédiaire, gardien de la voix ;
• partager leur réflexion individuelle avec le groupe en se servant des jetons de parole ;
• en groupes, relever ensemble le défi proposé et laisser des traces ;
• consigner dans leur passeport un indice de leur passage sur l'île (une empreinte de doigt, un symbole, etc.).

Rétroaction

Sur les apprentissages

L'enseignante demande aux élèves de dessiner une silhouette sur une feuille blanche. À l'aide des informations notées dans leur passeport, ils doivent faire leur portrait en inscrivant autour de la silhouette une qualité, une valeur, un sentiment, une ambition et une réussite qui les décrivent.

L'enseignante interroge les élèves pour savoir s'ils ont fait des découvertes au sujet des membres de leur groupe et ce qui les a le plus étonnés au cours de cette activité.

Sur le processus coopératif

L'enseignante invite chaque groupe de base à s'évaluer sur les points suivants : déplacements d'une île à l'autre, respect du matériel, du contenu de chacune des îles et respect des autres.

Considérations

• Lorsque tous les élèves ont terminé leurs portraits, ils peuvent les afficher vis-à-vis l'affiche correspondant à l'île de leur groupe de projet.
• En début d'année, l'enseignante peut utiliser les parties de travail individuel de chacune des îles et les faire remplir individuellement par ses élèves afin d'en apprendre un peu plus sur eux. Il peut s'agir d'un travail à réaliser à la maison.
• L'enseignante peut remplacer le contenu de chacune des îles par les valeurs coopératives.

Luana, la pêcheuse de perles

Dans la famille de Luana, on pêche des perles depuis la nuit des temps. La mer de Tahiti regorge de ces huîtres qui produisent des perles. Le père de Luana, étant un excellent pêcheur de perles, lui a enseigné tout ce qu'il sait. Luana vit dans une famille unie où l'harmonie règne. Luana n'est pas heureuse pour autant. Bien qu'elle soit une bonne pêcheuse de perles, Luana se trouve toutes sortes de défauts : sa peau est trop bronzée, ses cheveux trop courts, elle ne sait pas danser, donc elle ne va pas aux fêtes du village, et elle ne se trouve pas intelligente, car elle a pris du retard à l'école. Elle passe son temps seule et rumine des idées noires. Elle est même devenue méchante à l'égard des autres et a perdu tous ses amis.

Un jour qu'elle plongeait dans les eaux limpides d'une baie, sous un soleil torride, et que la pêche n'était pas trop bonne, elle décida d'aller nager, pour le plaisir, dans une lagune alimentée par une chute d'eau qui la rafraîchissait. Comme elle plongeait à plus de quatre mètres de profondeur, elle aperçut un vieux coffre recouvert de coquillages. Elle retourna à la surface pour prendre de l'air et replongea pour aller forcer l'ouverture du coffre. Elle utilisa un couteau dont elle se servait pour ouvrir les huîtres. Le couvercle céda et elle trouva à l'intérieur une petite boîte dorée qui n'avait presque pas été altérée par son séjour dans l'eau tellement le coffre était étanche. Elle remonta la boîte à la surface et se rendit sur la plage pour l'ouvrir à l'ombre d'un palmier. Elle trouva, à l'intérieur, un parchemin étrange. Il était constitué de dix conseils qui s'adressaient à elle. Un sourire illumina son visage à la lecture du document. Une année plus tard, Luana n'était plus reconnaissable. Elle avait rattrapé son retard scolaire, elle dansait merveilleusement bien et elle s'était fait beaucoup d'amis.

Selon toi, écris quels sont les conseils que Luana a lus sur son parchemin.

Tiré de : *Le petit magazine, Programme de sensibilisation à l'estime de soi*, automne 1999.

L'île des qualités – L'île des valeurs

L'île des valeurs

Souligne en vert sur ton parchemin 3 de tes valeurs personnelles et souligne en rouge les valeurs qui caractérisent ton groupe-classe.

- Toujours dire la vérité.
- Gagner beaucoup d'argent.
- Être très fier ou fière de moi.
- Être aimé ou aimée des autres.
- Travailler avec ordre.
- Respecter les autres.
- Ne pas avoir besoin des autres.
- Me sentir libre.
- Connaître beaucoup de choses.
- Avoir de bons amis.
- M'acheter beaucoup de choses.
- Travailler fort.
- Toujours faire de mon mieux.
- Respecter l'autorité.
- Appartenir à une famille.
- Réussir à l'école.
- Devenir une personne de confiance.

Si tu le désires, tu peux faire compléter cette liste par un membre de ta famille.

L'île des qualités

Écris en vert dans ton coffre aux trésors 3 qualités que tu possèdes.

Présente ton coffre aux trésors à un membre de ton groupe. Demande-lui d'encercler en rouge quelques-unes de tes qualités.

Si tu le désires, tu peux faire compléter cette liste par un membre de ta famille.

L'île des sentiments – L'île des ambitions

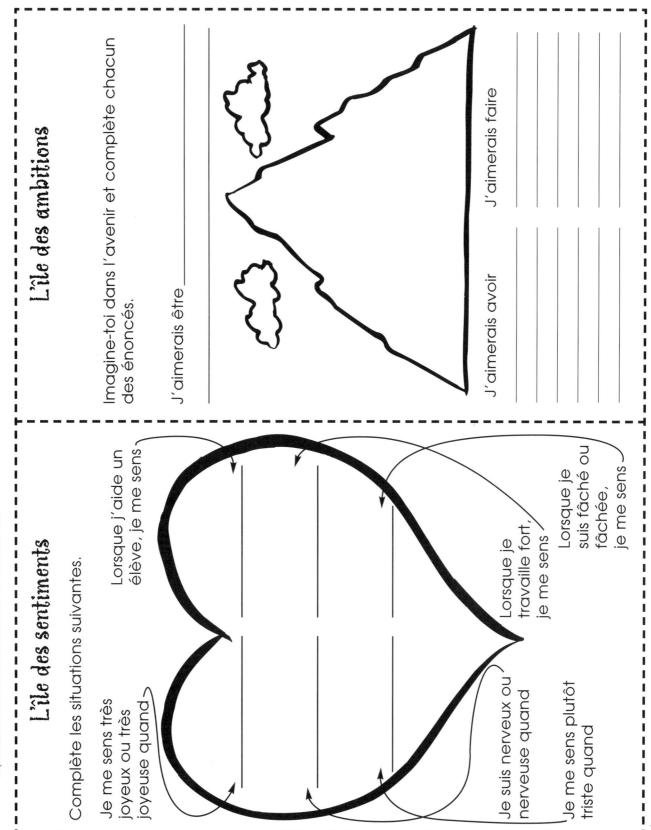

L'île des ambitions

Imagine-toi dans l'avenir et complète chacun des énoncés.

J'aimerais être

J'aimerais faire

J'aimerais avoir

L'île des sentiments

Complète les situations suivantes.

Lorsque j'aide un élève, je me sens

Je me sens très joyeux ou très joyeuse quand

Lorsque je travaille fort, je me sens

Lorsque je suis fâché ou fâchée, je me sens

Je suis nerveux ou nerveuse quand

Je me sens plutôt triste quand

L'île des talents – L'île des réussites

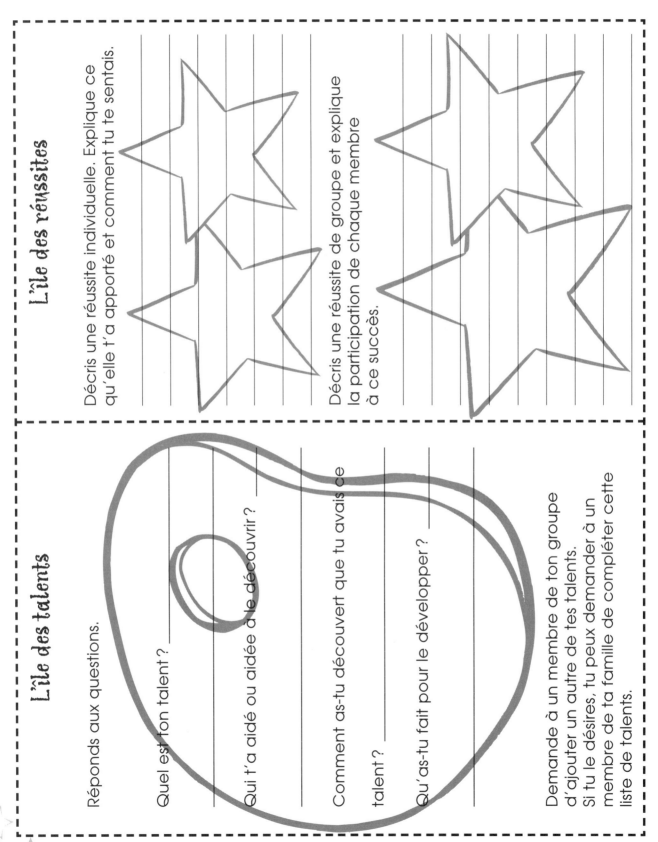

L'île des réussites

Décris une réussite individuelle. Explique ce qu'elle t'a apporté et comment tu te sentais.

Décris une réussite de groupe et explique la participation de chaque membre à ce succès.

L'île des talents

Réponds aux questions.

Quel est ton talent ?

Qui t'a aidé ou aidée à le découvrir ?

Comment as-tu découvert que tu avais ce talent ?

Qu'as-tu fait pour le développer ?

Demande à un membre de ton groupe d'ajouter un autre de tes talents. Si tu le désires, tu peux demander à un membre de ta famille de compléter cette liste de talents.

ACTIVITÉ 21

Comme au temps des découvreurs!

✪ **Compétence disciplinaire**

Lire l'organisation d'une société sur son territoire.

Composante

L'élève établit des liens entre des atouts, des contraintes du territoire et l'organisation de la société.

✪ **Domaine d'apprentissage**

Domaine de l'univers social

Activité d'apprentissage

Résoudre un problème de prise de décision : Une région administrative du Québec peut-elle accueillir un groupe de citoyens voulant fonder une nouvelle ville ?

✪ **Domaine général de formation**

Environnement et consommation

L'axe de développement porte sur la présence à son milieu, notamment sur l'identification des liens entre les éléments propres à un milieu local ou régional.

✪ **Compétence transversale d'ordre intellectuel**

Exercer son jugement critique.

Composante

L'élève exprime son jugement.

Préparation

Matériel	**Pour la classe :**
	• carte des grandes villes du Québec et ses régions
	Par groupe de base :
	• feuille reproductible 21.1, « Graffiti circulaire »
	• crayon de couleur différente par élève
	Par élève :
	• texte traitant du développement des villes du Québec (ce peut-être « Suivre le fil des villes », *Mémo Mag* 5, dossier 5, Graficor 1993)
	Par groupe reconstitué :
	• feuille reproductible 21.2, « Catégories d'une région »
	• grand carton
Structure coopérative	• partage des rôles
	• partage des tâches
	• graffiti circulaire (feuille tournante)
Formation des groupes	• groupe de base
	• groupe reconstitué
Préalables	L'enseignante choisit avec les élèves quatre régions administratives du Québec et les situe sur la carte du Québec. Elle anime un échange sur la répartition des villes sur le territoire. L'enseignante prépare des agrandissements de la feuille reproductible 21.1 et les distribue à chacun des groupes de base. Elle demande aux élèves de chaque groupe de s'attribuer un numéro de 1 à 4 et fait correspondre la région 1 aux élèves 1, etc.
Pistes d'observation	***Compétence disciplinaire***
	• se questionner sur l'organisation de la société et sur l'aménagement de son territoire.
	Compétence transversale
	• établir des liens entre les faits et les données.

Activité

Amorce

L'enseignante fait remarquer aux élèves qu'on peut voir, sur la carte des grandes villes du Québec, que la population est répartie de façon inégale. Elle leur soumet la situation suivante : étant donné que plusieurs villes sont très peuplées, un groupe de citoyens est à la recherche d'un endroit où s'installer afin de fonder une nouvelle ville. Elle explique aux élèves que leur tâche va consister à démontrer, par l'étude de quatre régions choisies, si ces régions peuvent accueillir ou non le groupe de citoyens pour procéder à un nouveau développement.

Déroulement de l'activité

Les élèves effectuent les tâches suivantes :

1re partie : Recueillir les informations

- Demander à chaque membre du groupe de base de prendre un crayon de couleur différente ;
- noter sur la partie du graffiti circulaire qui leur fait face une réponse en lien avec la question inscrite au centre (feuille reproductible 21.1) ;
- faire pivoter la feuille pendant un tour complet ;
- lire individuellement le texte traitant du développement des villes du Québec ;
- reprendre le graffiti circulaire et, en groupe, ajouter de nouvelles raisons ou en enlever, s'il y a lieu.

2e partie : Traiter les informations

- Observer le graffiti et regrouper les énoncés qui correspondent à une même catégorie ;
- donner un titre à chacun des ensembles ;
  - présenter à la classe les titres des ensembles trouvés dans le groupe (porte-parole) afin que l'enseignante les inscrive dans un tableau, par exemple : l'hydrographie, le sol, la végétation, le sous-sol, le relief, le climat et les voies de communication. L'enseignante peut compléter les catégories au besoin ;
- noter la catégorie attribuée au groupe de base au moyen d'un tirage (ex. : un groupe pige la catégorie hydrographe, un autre, sol, etc.
- prendre la partie de la feuille reproductible 21.2 correspondant à la catégorie du groupe ;
- recueillir l'information de la région attribuée selon son numéro ;
- écrire les renseignements trouvés sur sa partie du schéma d'une région ;
- tirer des conclusions afin de prendre une décision ;
- se grouper par élèves d'une même région (ex. : tous les représentants de la région du Saguenay–Lac-St-Jean) ;

- présenter aux membres du groupe reconstitué leur partie du schéma et la coller sur le grand carton (ex. : l'hydrographie de cette région, la végétation, son climat, etc.) ;
- examiner l'analyse des catégories donnant un aperçu complet de la région et discuter en groupe reconstitué pour déterminer si la région est favorable ou non à accueillir un nouveau développement ;
- présenter oralement aux autres groupes reconstitués le choix du groupe et les raisons.

Rétroaction

Sur les apprentissages

L'enseignante pose les questions suivantes aux élèves :

- Qu'avez-vous appris de nouveau sur les régions ? Lesquelles ?
- Aimeriez-vous refaire la même démarche pour d'autres régions ?
- Lorsque vous observez la carte du Québec, la voyez-vous d'un œil différent ? Pourquoi ?

Sur le processus de coopération

L'enseignante pose les questions suivantes aux élèves :

- Est-ce que le graffiti circulaire vous a permis de recueillir d'autres idées ?
- Avez-vous aimé être responsable d'un aspect d'une région ?
- Avez-vous trouvé difficile de présenter vos découvertes dans le groupe reconstitué ?
- Est-ce facile de travailler dans un groupe de plus de quatre élèves ?
- Vous sentiez-vous écoutés ?

Considérations

- Cette activité peut aussi se dérouler en trois parties selon les groupes d'élèves ou le temps disponible. Des sous-titres marquent les étapes à réaliser dans la section « Déroulement de l'activité ».
- Cette structure d'activité se prête également au travail de groupe lorsqu'il s'agit de traiter les informations portant sur les autres régions administratives, les provinces du Canada, les pays d'un continent.
- Il est possible de faire un débat entre les groupes qui favorisent l'établissement d'une nouvelle ville et ceux qui sont contre. Un débat permet de mettre en valeur différents aspects sociaux, économiques, culturels et politiques… L'enseignante trouve des questions qui conduiront les élèves sur ces pistes.

FEUILLE REPRODUCTIBLE 21.1

Graffiti circulaire

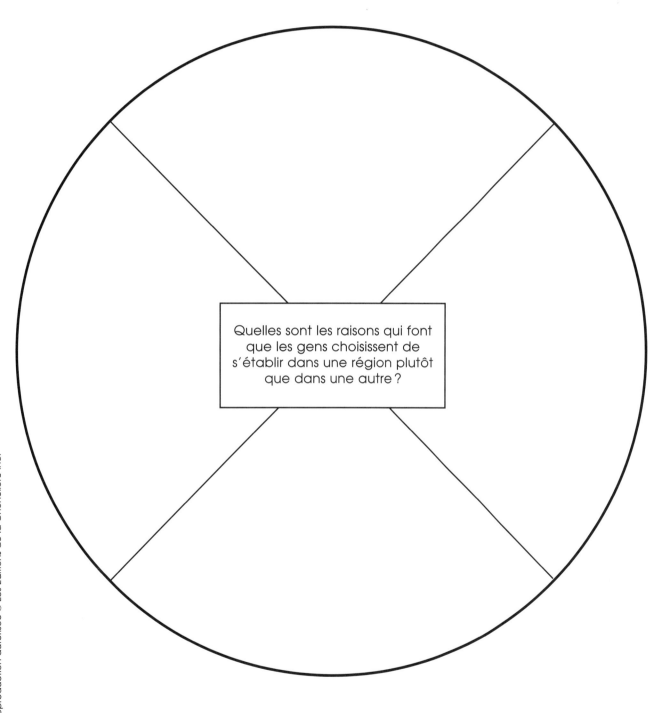

Quelles sont les raisons qui font que les gens choisissent de s'établir dans une région plutôt que dans une autre ?

Catégories d'une région

Hydrographie	Sol	Végétation	Sous-sol	Relief	Climat	Voies de communication

ACTIVITÉ 22

Les drapeaux parlent-ils ?

⭐ **Compétence disciplinaire**

Lire des textes variés.

Composante

L'élève utilise le contenu des textes à diverses fins.

⭐ **Domaine général de formation**

Vivre-ensemble et citoyenneté

L'axe de développement porte sur la valorisation des règles de vie en société et des institutions démocratiques, notamment sur les droits et responsabilités liés aux institutions démocratiques.

Activité d'apprentissage

Découvrir la signification des couleurs et des symboles des drapeaux de chacune des provinces et des territoires du Canada en vue de mieux connaître des provinces de notre pays, le Canada.

⭐ **Domaine d'apprentissage**

Français, langue d'enseignement

⭐ **Compétence transversale d'ordre intellectuel**

Exploiter l'information.

Composante

L'élève s'approprie l'information.

Préparation

Matériel	*Par dyade :* • feuille reproductible 22.1, « Drapeaux du Canada, des provinces et des territoires canadiens » • sac identifié par le drapeau d'une province • feuille reproductible 22.2, « Textes sur les drapeaux » • feuille reproductible 22.3, « Éléments du schéma énumératif » • feuille format conférence *Par élève :* • crayon vert *Pour l'enseignante :* • Gouvernement du Canada, *Les symboles du Canada*, Éd. Gouv. du Canada, octobre 1999, 58 p. • site Internet : www.cyber-flag.net • site Internet : http://www.ccu-cuc.ca/fran/bibliotheque/drapeaux.html#autres
Structure coopérative	• méli-mélo pour la formation des groupes • partage des rôles pour la tâche • vérification par les pairs
Formation des groupes	• dyade au hasard • groupes associés
Préalables	L'enseignante présente le drapeau du Canada aux élèves en lisant les textes correspondants de la feuille reproductible 22.2. Elle réalise le schéma de type énumératif du drapeau canadien à l'aide des titres des rectangles de la feuille reproductible 22.3. L'enseignante prépare le sac d'informations pour chacune des dyades. Elle photocopie la feuille reproductible 22.1 et découpe les drapeaux en deux parties. Elle distribue et les élèves formeront les dyades en assemblant les parties du drapeau. Elle identifie les sacs à l'aide du drapeau d'une province et y insère les textes de la feuille reproductible 22.2 qui y correspondent et une feuille reproductible 22.3

Compétence disciplinaire
- sélectionner des éléments d'information explicites dans un texte ;
- classer les éléments d'information provenant d'un texte à l'aide de schémas, de tableaux ou de diagrammes.

Compétence transversale
- classer les données recueillies ;
- distinguer les données essentielles des données accessoires.

Activité

Amorce

Pour présenter le sujet, l'enseignante discute de ce qui caractérise extérieurement une personne : ses traits physiques, sa tenue vestimentaire, ses habitudes. Elle fait le lien en disant que pour un pays, une province, les éléments correspondants sont la langue, ses armoiries, son drapeau, son hymne national, son emblème floral. Elle annonce aux élèves que pour découvrir un peu plus le Canada, ils vont observer les drapeaux des territoires et des provinces de leur pays.

Ils vont ainsi mieux connaître les caractéristiques des différents drapeaux canadiens et ce qui caractérise chaque province.

L'enseignante forme les dyades en demandant à chaque élève de retrouver l'élève qui a l'autre partie de son drapeau. Ensuite, chaque dyade va chercher le sac d'informations correspondant à son drapeau.

Déroulement de l'activité

Les élèves effectuent les tâches suivantes :

1re partie : Préparer les schémas
- D'après le schéma énumératif (feuille reproductible 22.3) prédire le contenu du texte en formulant des hypothèses sur les éléments en lien avec le drapeau ;
- lire les textes et remplir le schéma énumératif ;
- noter les idées à l'endroit approprié dans le schéma (les lecteurs lisent et les scripteurs écrivent) ;
- placer les éléments du schéma sur la feuille conférence ;
- échanger le sac du drapeau et le schéma contre ceux d'une autre dyade et vérifier le nouveau schéma ;
- faire les corrections au crayon vert, s'il y a lieu ;
- valider les changements apportés en discutant avec le groupe associé et récupérer leurs schémas.

2e partie : Exposer les schémas
- Revenir dans les dyades d'origine ;
- préparer des indices à l'aide du schéma afin de faire connaître leur drapeau aux autres dyades ;
- écrire à l'ordinateur les indices qui permettent de reconnaître le drapeau ;
- avec l'enseignante, regrouper sur une même feuille les indices de toutes les dyades et en remettre une copie à chaque dyade ;
- afficher tous les schémas dans la classe en vue de constituer la galerie des schémas ;
- circuler en dyades et trouver le drapeau canadien correspondant aux indices ;
- présenter les indices correspondant à leur drapeau afin de valider les réponses des dyades.

Rétroaction

Sur les apprentissages
L'enseignante pose les questions suivantes aux élèves :
- Avez-vous trouvé difficile de résumer vos informations en un schéma ?
- Comment avez-vous sélectionné vos informations ? Le schéma énumératif est-il un bon moyen pour présenter vos découvertes ? pour préciser et résumer votre pensée ?

Sur le processus de coopération
L'enseignante pose les questions suivantes aux élèves :
- Avez-vous aimé travailler en dyades ?
- Comment s'est déroulé le pairage ?
- De quelle façon avez-vous discuté avec le groupe associé ?
- Décrivez des gestes d'entraide que vous avez vécus.

Considérations

L'enseignante peut proposer aux élèves de faire réaliser l'activité « Faites parler votre drapeau ! » afin de réutiliser dans un autre contexte les connaissances reliées à la symbolique des drapeaux

Drapeaux du Canada, des provinces et des territoires canadiens

Nouvelle-Écosse

Alberta

Territoires du Nord-Ouest

Nunavut

Québec

Colombie-Britannique

Terre-Neuve et Labrador

Ontario

Manitoba

Saskatchewan

Yukon

Canada

Nouveau-Brunswick

Île-du-Prince-Édouard

Textes sur les drapeaux

Alberta

L'Alberta est devenue une province en 1905. Le nom a été suggéré par le gouverneur général du Canada, le marquis de Lorne, en l'honneur de sa femme, Sa Majesté la princesse Louise Caroline Alberta, fille de la reine Victoria.

C'est en 1968 que le drapeau actuel fut adopté. L'écu des armoiries de la province trône au centre d'un champ bleu d'outremer. La croix de Saint-Georges, symbole de l'Angleterre, orne la partie supérieure de l'écu, tandis que la partie inférieure présente les différents paysages de la province : les montagnes, les contreforts, les prairies et les champs de blé.

Colombie-Britannique

La région sud du territoire actuel s'appelait Columbia en raison du fleuve du même nom, tandis que la partie centre avait été baptisée « New Caledonia ». C'est en 1858 que la reine Victoria a nommé la Colombie-Britannique ainsi pour éviter toute confusion avec la Colombie du Sud et la Nouvelle-Calédonie du Pacifique Sud.

Adopté en 1960, le drapeau de la Colombie-Britannique reprend l'image des armoiries. L'Union Jack orne le premier tiers du drapeau. Une couronne ancienne placée en son centre rappelle que la province était à l'origine une colonie britannique. En dessous se trouve un demi-soleil d'or s'étendant sur trois bandes horizontales bleues sur fond blanc. Elles symbolisent l'océan Pacifique, tandis que le demi-soleil décrit la situation géographique de la province, soit celle la plus à l'ouest du pays.

Manitoba

Le nom Manitoba provient probablement du mot cri « man-into-wah-paow » signifiant « le passage du Grand Esprit » qui décrit le lac Manitoba. Les premiers autochtones entendaient les vagues se briser sur les rochers de l'île Manitou et attribuèrent cela à l'esprit Manitou battant sur un tambour.

Le drapeau du Manitoba fut adopté en 1966. Tout comme celui de l'Ontario, l'Union Jack occupe le quart supérieur gauche, tandis que l'écu des armoiries provinciales occupe la partie de droite. On y retrouve la croix de Saint-Georges, symbole de l'Angleterre, et un bison debout sur un rocher représentant la nature des prairies.

Terre-Neuve et Labrador

L'origine du nom de cette province remonte au temps de John Cabot qui y accosta en 1497. Le roi Henri VIII d'Angleterre appelait cette terre « New Found Land ». Vers 1510, la dénomination française « Terre-Neuve » fait son apparition. En 1949, Terre-Neuve fait son entrée officielle dans la Confédération.

Le drapeau actuel a été adopté en 1980. Le blanc symbolise la neige et la glace ; le bleu, la mer ; le rouge, le labeur des humains et l'or, la confiance en l'avenir. Les deux triangles rouges de la droite symbolisent les parties continentale et insulaire de la province, tandis que la flèche d'or, l'espoir dans l'avenir. Le trident, formé par les trois bandes blanches sur fond bleu, souligne la dépendance de Terre-Neuve à l'égard de la mer et de la pêche.

Nouvelle-Écosse

Le nom de cette province est apparu pour la première fois en 1621 alors que Sir William Alexander s'est vu attribuer par le roi Jacques VI d'Écosse les terres se situant entre la Nouvelle-Angleterre et Terre-Neuve.

Le drapeau de la Nouvelle-Écosse est formé de l'armoirie de la province mais en version rectangulaire. On y trouve la croix de Saint-André dont les couleurs ont été inversées afin de différencier l'Écosse de la Nouvelle-Écosse. Au centre de la croix se trouve un écusson aux armes de l'Écosse sur lequel un lion apparaît bordé d'une double ligne rouge sur fond jaune ou or.

Textes sur les drapeaux (suite)

Territoires du Nord-Ouest

Au tout début, cette expression servait à désigner les terres situées au nord-ouest du lac Supérieur. Depuis 1920, elle désigne la partie nord du Canada s'étendant du Territoire du Yukon jusqu'à la baie d'Hudson.

Le drapeau des Territoires du Nord-Ouest est utilisé depuis 1969. Les deux bandes bleues verticales aux extrémités représentent les lacs et les cours d'eau. Les glaces et les neiges du Nord sont symbolisées par le centre blanc. L'écu des armoiries orne le centre du drapeau. On retrouve celui-ci dans une partie blanche représentant la banquise polaire entrecoupée d'une bande bleue symbolisant le passage du Nord-Ouest. Dans la partie inférieure, le vert symbolise la forêt du sud et le rouge, la toundra du nord. De plus, les richesses du nord, soit les minéraux et les fourrures, sont représentées par des billettes d'or sur la partie verte et le masque du renard sur le rouge.

Ontario

Ce nom d'origine amérindienne venant du mot iroquois « kanadario », qui signifie « eau vive », a d'abord été donné au lac Ontario. Vers les années 1640, les colons européens l'ont attribué aux terres bordant le lac. C'est en 1867, lors de la création de la Confédération, que le nom province de l'Ontario a fait son apparition.

Le drapeau ontarien fut adopté en 1965. Sur son fond rouge, l'Union Jack, symbole officiel de l'appartenance du Canada au Commonwealth, occupe le quart supérieur, tandis que les armoiries sont placées à droite. Sur ces armoiries on retrouve la croix de Saint-Georges représentant l'Angleterre et un rameau d'érable à trois feuilles d'or.

Île-du-Prince-Édouard

Acquise par les Anglais en 1759, l'île est appelée « St-John's Island ». Ce n'est qu'en 1799 qu'elle sera renommée de son nom actuel en l'honneur du prince Édouard, alors duc de Kent et père de la reine Victoria, qui était le commandant en chef de l'Amérique du Nord britannique installé en garnison à Halifax.

Adopté en 1964, le dessin du drapeau reproduit les armoiries de la province sous forme rectangulaire. En plus, il est bordé sur les trois côtés flottants de bandes rouges et blanches. Dans le segment supérieur, on retrouve le léopard anglais figurant sur les armoiries du prince Édouard. Sur la partie inférieure est illustré un gros chêne et trois chêneaux à gauche. Le chêne adulte représente l'Angleterre tandis que les plus petits illustrent les trois comtés de la province, soit celui de King, celui de Queen et celui de Prince.

Québec

Ce nom d'origine algonquienne, signifiant « passage étroit » ou « détroit », était utilisé pour représenter le resserrement du fleuve à la hauteur du cap Diamant. Il a la même signification en cri qu'en micmac.

Constitué d'une croix blanche sur fond bleu et de quatre lis blancs, le drapeau du Québec est né non loin de Saint-Hyacinthe, à Saint-Jude en 1948. Les lis et la couleur bleue, symboles royaux, nous rappellent nos origines françaises, tandis que le blanc représenterait la franchise, la pureté et la grandeur d'âme. La croix séparant le drapeau symbolise notre attachement à la tradition chrétienne.

Saskatchewan

Le nom actuel de cette province est dérivé d'un autre nom que l'on a d'abord attribué à la rivière Saskatchewan. En langue crie, cette rivière s'appelait Kisiskatchewanisipi qui voulait dire « rivière aux flots rapides ». C'est en 1882 que l'on a modifié l'orthographe et adopté officiellement cette dénomination.

Le drapeau actuel de cette province fut adopté en 1969. Divisé horizontalement en deux parties égales, la partie verte représente les forêts du nord de la province tandis que le segment doré symbolise les champs de blé mûr du sud. L'écu des armoiries occupe le côté gauche, tandis que le lis rouge orangé, emblème floral, est posé verticalement à droite. Sur l'écu, on peut reconnaître un léopard rouge, symbole traditionnel de la royauté, reposant sur une bande d'or horizontale et trois gerbes de blé d'or sur fond vert qui représentent l'agriculture et les ressources de la province.

Textes sur les drapeaux (suite)

Yukon

Nom d'origine amérindienne, il a d'abord été donné à un fleuve. Provenant de Yu-kun-ah qui signifie « grande rivière », il a été noté pour la première fois en 1846 par un employé de la Compagnie de la Baie d'Hudson qui rencontra des Inuits de l'Arctique centrale de l'Est.

Adopté en 1967, le drapeau est divisé en trois panneaux. À l'extrême gauche, le vert représente les forêts, au centre, le blanc, les blanches neiges hivernales et à droite, le bleu évoquant les rivières et les lacs. Sur le panneau central, on retrouve les armoiries ainsi que l'emblème floral, l'épilobe. Au sommet de l'écu trône un chien malamute se tenant sur un monticule de neige. La croix de Saint-Georges (symbole de l'Angleterre) qui occupe la partie supérieure rappelle les premiers explorateurs et commerçants de fourrures venus de l'Angleterre. Au centre de la croix, on retrouve un symbole représentant la fourrure. Les bandes blanches et bleues évoquent le fleuve Yukon et les autres cours d'eau. Quant aux pointes rouges, elles symbolisent les montagnes. Les deux disques d'or ornant les montagnes représentent les ressources minérales du territoire.

Nunavut

Plus jeune territoire du Canada, Nunavut, en langue Unuit d'Inuktitut veut dire « Notre Terre ». C'est le nom que l'on donne à la demeure ancestrale des Inuits de l'Arctique centrale et de l'Est.

Le drapeau de ce nouveau territoire a été créé en 1999. Les couleurs bleu et or symbolisent les richesses de la terre, de la mer et du ciel. Le rouge rappelle l'appartenance du Nunavut au Canada. Le dessin appelé inukshuk représente les monuments de pierre qui guident les peuples sur le territoire qui marquent les endroits sacrés. Quant à l'étoile, elle symbolise l'étoile du Nord, guide traditionnel pour les navigateurs tout comme le leadership des aînés de la communauté.

Nouveau-Brunswick

Faisant partie d'abord de la Nouvelle-Écosse, cette province a été nommée ainsi en l'honneur du roi Georges III, descendant de la Maison de Brunswick. De plus, la Révolution américaine a incité plusieurs colons loyalistes à créer une nouvelle province.

Le dessin du drapeau du Nouveau-Brunswick est tiré des armoiries de la province. Il fut adopté en 1965. Le léopard d'or, ornant le tiers supérieur du drapeau, représente les liens qui unissent le Nouveau-Brunswick à la Grande-Bretagne, tandis que la galère antique couvrant la partie inférieure symbolise probablement le vaisseau qui a amené les premiers Loyalistes ou encore l'importance de l'industrie de la construction navale et des pêches pendant le XIXe siècle.

Canada

Le nom « Canada » vient du mot huron ou iroquois « kanata » signifiant « village » ou « bourgade ». En 1535, deux autochtones indiquèrent à Jacques Cartier le chemin de « kanata », site actuel de la ville de Québec. C'est alors que Cartier décida de baptiser le village mais aussi tout le territoire gouverné par le chef. C'est en 1867, au moment de la Confédération, que le nom Canada fut donné au nouveau pays.

Le drapeau du Canada, adopté en 1964, est formé de deux bandes rouges et d'une feuille d'érable rouge sur fond blanc. Les couleurs utilisées sont les couleurs officielles des deux peuples fondateurs du pays, soit le rouge pour l'Angleterre et le blanc pour la France. La feuille d'érable nous rappelle que les Amérindiens utilisaient la sève de cet arbre pour en faire du sirop.

Éléments du schéma énumératif

Signification du nom

Couleurs

Date d'origine de la province

Date d'origine du drapeau

Dessins

Origine du nom

Disposition des ornements

Disposition de tous les éléments sur le drapeau

ACTIVITÉ 23

Faites parler votre drapeau !

⭐ **Compétence disciplinaire**

Réaliser des créations plastiques médiatiques.

Composante

L'élève exploite des idées de création inspirées par une proposition de création médiatique.

⭐ **Domaine général de formation**

Orientation et entrepreneuriat

L'axe de développement porte sur l'appropriation des stratégies liées à un projet, notamment sur les stratégies associées aux diverses facettes de la réalisation d'un projet (information, prise de décision, planification et réalisation).

Activité d'apprentissage

Réaliser un drapeau d'équipe afin d'identifier son groupe de base.

⭐ **Domaine d'apprentissage**

Arts plastiques

⭐ **Compétence transversale d'ordre intellectuel**

Mettre en œuvre sa pensée créatrice.

Composante

L'élève s'engage dans une réalisation.

Préparation

Matériel	**Par groupe de base :** • grande feuille • gouache • pastels • papier de bricolage • crayons-feutres • papier quadrillé • cartons rigides • craies de cire • colle
Structure coopérative	• partage des rôles • partage du matériel • unité dans la diversité
Formation des groupes	Groupes de base de 4 élèves
Préalables	L'enseignante réalise cette activité pour s'assurer que les élèves puissent réutiliser dans un autre contexte les connaissances reliées à la symbolique des drapeaux. L'enseignante revoit avec les élèves les procédures de la structure « unité dans la diversité », qui consiste à écrire chacun son idée pour ensuite y trouver ce qu'il y a de commun. L'enseignante anime un échange sur l'habileté à faire un consensus et sur les expériences où, dans la vie collective, l'on doit réaliser le plus large consensus possible en tenant compte des différents points de vue. L'enseignante invite chaque groupe de base à se donner un nom avant la fabrication du drapeau et lui demande de l'inscrire au verso du drapeau. Elle attribue les rôles à jouer lors de la réalisation du drapeau : responsable du matériel, gardien de la voix, animateur, dessinateur.
Pistes d'observation	*Compétence disciplinaire* • tenir compte des idées de ses camarades lors des créations collectives. *Compétence transversale* • anticiper l'issue de sa démarche.

Activité

Amorce

L'enseignante décrit l'activité qui consiste à confectionner un drapeau représentant le groupe de base. Elle discute avec les élèves de la façon dont les habitants des provinces et des pays s'identifient à leur drapeau. Elle mentionne qu'ils pourront être fiers eux aussi de pouvoir se référer au drapeau de leur groupe de base pour faire reconnaître leur identité collective. Par la suite, ils pourront travailler à rendre cette identité authentique afin qu'elle les identifie de plus en plus.

L'enseignante invite les groupes de base à réaliser la structure « unité dans la diversité » en précisant aux élèves d'écrire au centre de la feuille « Notre drapeau ».

Déroulement de l'activité

Les élèves effectuent les tâches suivantes :

1re partie : Créer
- Faire individuellement une esquisse du drapeau ;
- présenter les esquisses au groupe de base en justifiant la disposition des couleurs et du dessin ;
- discuter en vue de choisir des éléments de chaque esquisse qui constitueront le drapeau du groupe de base.

2e partie : Fabriquer
- Reproduire sur du papier quadrillé le drapeau à partir de la mise en commun des idées de tous les membres du groupe (dessinateur) ;
- discuter du choix des matériaux à utiliser pour réaliser le drapeau ;
- dresser la liste des tâches à exécuter pour fabriquer le drapeau ;
- répartir les tâches parmi les membres du groupe ;
- dresser la liste du matériel nécessaire à la fabrication du drapeau et aller le chercher (responsable du matériel) ;
- écrire au verso du drapeau le nom du groupe et les rôles de chaque membre du groupe ;
- fabriquer le drapeau ;
- présenter le drapeau au reste de la classe en expliquant la signification de ses éléments et les raisons de leur choix ;
- choisir un endroit où exposer les drapeaux des groupes de base afin de les rendre visibles et de piquer la curiosité des autres élèves de l'école.

Rétroaction

Sur les apprentissages
L'enseignante pose les questions suivantes aux élèves :
- Est-ce que vos connaissances sur les drapeaux canadiens vous ont aidés à réaliser un drapeau plus significatif ?
- Était-ce très différent de faire un drapeau de groupe plutôt que le drapeau d'un pays ?
- Pouvez-vous expliquer le drapeau d'une autre équipe ?
- Voyez-vous des ressemblances dans les drapeaux de toute la classe ? Lesquelles ?

Sur le processus coopératif
L'enseignante pose les questions suivantes aux élèves :
- A-t-il été difficile d'en arriver à un consensus ? Pourquoi ?
- De quoi êtes-vous fiers dans ce travail ?
- Quelle partie de chacun de vous retrouve-t-on sur le drapeau ?
- Comment avez-vous réparti les tâches ?
- La structure coopérative « unité dans la diversité » est-elle utile dans cette activité ?

Considérations

- L'enseignante peut choisir de faire confectionner un drapeau pour la classe.
- On peut inviter les élèves à inventer en équipe une allégorie expliquant l'histoire de leur drapeau.
- Pour préparer les élèves à améliorer les habiletés nécessaires à d'autres discussions, l'enseignante peut utiliser l'exercice « La fusée à quatre étages » d'Epstein[7] qui consiste à pratiquer quatre habiletés : La concision : aborder directement le sujet ; l'écoute : être attentif à ce qui se dit ; la compréhension : répéter tout haut ce que le locuteur vient de dire ; la participation : faire participer tous les membres du groupe. Chacune des habiletés doit être chronométrée par un observateur.

---

7. Elizabeth G. Cohen. *Le travail de groupe*, Montréal, Éditions de la Chenelière, 1994.

ACTIVITÉ 24

À l'assaut de la planète Mars !

✪ Compétence disciplinaire
Résoudre une situation-problème mathématique.

Composante
L'élève applique différentes stratégies en vue d'élaborer une solution.

✪ Domaine général de formation
Orientation et entrepreneuriat

L'axe de développement porte sur l'appropriation des stratégies liées à un projet, notamment sur les stratégies associées aux diverses facettes de la réalisation d'un projet (information, prise de décision, planification et réalisation).

Activité d'apprentissage
Construire un robot mobile pouvant se déplacer sur la surface de la planète Mars afin d'y trouver des traces de l'environnement martien.

✪ Domaine d'apprentissage
Mathématique

✪ Compétence transversale d'ordre méthodologique
Se donner des méthodes de travail efficaces.

Composante
L'élève accomplit la tâche.

Préparation

Matériel	**Par élève :** • papier à points **Par équipe :** • papier à points • papier de bricolage • feuille reproductible 24.1, « Cartes d'association » • jetons de conversation
Structure coopérative	• partage des rôles • méli-mélo pour la formation des groupes • discussions avec interventions limitées
Formation des groupes	• dyades par association de cartes • groupes de projet reconstitués
Préalables	L'enseignante anime un échange sur l'habileté à faire consensus et s'assure que chacun comprend bien le terme. Elle fait dessiner quelques arrangements de solides sur du papier à points pour faciliter le travail lors de la réalisation de la maquette. L'enseignante réactive les connaissances des élèves sur les caractéristiques des solides de la feuille reproductible 24.1 afin de faciliter le pairage. Elle prépare des exemplaires de la feuille de façon que chaque élève ait une carte : soit une illustration, soit une définition. L'enseignante distribue les cartes d'association en vue de former les dyades. Elle valide l'exactitude des pairages et invite chaque dyade à trouver une autre dyade ayant un solide différent. Les élèves conservent cette carte tout au long de l'activité.

Compétence disciplinaire
- organiser les données sélectionnées ;
- proposer une ou plusieurs stratégies de résolution de problèmes.

Compétence transversale
- vérifier la cohérence de la séquence d'actions ;
- ajuster ses actions au besoin.

Activité

Amorce

L'enseignante explore le thème de la maquette avec les élèves. Elle présente ensuite une simulation pour l'activité :

« La Nasa doit réaliser un nouveau modèle pour un robot qui sera lancé en 2004 sur la planète Mars. Ce véhicule a pour mission de rechercher les preuves de la présence de l'eau sur la planète et d'analyser les roches à la surface afin de connaître les signes d'une vie passée. Imaginez la maquette de ce robot qui pourrait être envoyé sur Mars ! »

L'enseignante répartit ensuite les rôles de la structure :
- responsable du matériel,
- gardien du processus de coopération,
- intermédiaire,
- animateur,
- secrétaire.

Déroulement de l'activité

Les élèves effectuent les tâches suivantes :

1re partie:
- Aller chercher la boîte de jetons et partager également les jetons de conversation (responsable du matériel) ;
- imaginer la représentation d'un robot pouvant ramasser de l'eau et des roches sur Mars ;
- exprimer ses idées en groupes de projet ;
- faire consensus sur les idées des élèves en se gardant la possibilité d'ajouter, d'éliminer, de conserver ou de modifier des éléments à partir de la discussion ;
- représenter le plan du groupe sur le papier à points (secrétaire) ;
- présenter le plan à la classe en indiquant les solides utilisés (animateur) ;
- veiller à ce que chacun fasse sa part et contrôler le ton de voix (gardien du processus de coopération).

2e partie:
- Remettre les plans à l'enseignante ;
  - prendre sa carte de départ (illustration ou définition) et trouver 3 élèves possédant des cartes différentes afin de former un groupe de projet reconstitué :
  - choisir au hasard un plan à réaliser ;
  - répartir les tâches pour que chaque membre du groupe soit responsable d'une partie de la réalisation de la maquette ;
  - présenter la maquette terminée à la classe.

Rétroaction

Sur les apprentissages

L'enseignante pose les questions suivantes aux élèves :
- Croyez-vous que ce robot va remplir sa mission une fois construit ? Comment pouvez-vous le savoir ?
- Quelles méthodes avez-vous utilisées pour réaliser votre partie de maquette ?
- A-t-il été facile de coordonner vos actions pour assembler votre robot ?
- Avez-vous aimé réaliser le plan conçu par une autre équipe ? pourquoi ? Auriez-vous préféré réaliser le vôtre ? pourquoi ?
- Aimeriez-vous devenir des scientifiques chargés d'une telle mission ?

Sur le processus de coopération

L'enseignante pose les questions suivantes aux élèves :
- Comment avez-vous réparti les tâches ?
- Est-ce que la discussion s'est bien déroulée ?
- Avez-vous utilisé les jetons de conversation ?
- Est-il facile de faire consensus ? Pourquoi ? Nommez quelques attitudes nécessaires pour jouer les rôles en groupe.

Considérations

- L'enseignante peut inviter les élèves à présenter leurs maquettes aux autres classes de l'école par le biais d'une exposition.
- Les élèves pourraient publier un article sur l'activité dans le journal local.
- L'enseignante peut proposer aux élèves de faire une recherche sur la planète Mars afin d'en savoir plus.
- L'enseignante peut utiliser la structure de l'activité avec un thème différent.

Cartes d'association

Je suis formée de 4 figures. J'ai 4 faces, 6 arêtes et 4 sommets.

Je suis formé de cercles et d'un rectangle.

J'ai 5 faces, 4 sont identiques. J'ai 8 arêtes et 5 sommets.

Formé de rectangles et de carrés, j'ai 6 faces, 12 arêtes et 8 sommets.

Je suis un corps rond et je n'ai aucune face.

J'ai 5 faces, 9 arêtes et 6 sommets. Je suis formé de 3 rectangles et 2 triangles.

Je suis formé de 6 figures identiques. J'ai 12 arêtes.

J'ai 5 faces, 8 arêtes et 5 sommets.

ACTIVITÉ 25

Verbes à la carte

⭐ **Compétence disciplinaire**

Écrire des textes variés.

Composante

L'élève utilise les stratégies, les connaissances et les techniques requises par la situation d'écriture.

⭐ **Domaine d'apprentissage**

Français, langue d'enseignement

Activité d'apprentissage

Fabriquer un jeu de cartes afin de développer des automatismes pour l'apprentissage des verbes.

⭐ **Domaine général de formation**

Vivre-ensemble et citoyenneté

L'axe de développement porte sur l'engagement dans l'action dans un esprit de coopération et de solidarité, notamment sur les principes, règles et stratégies du travail d'équipe.

⭐ **Compétence transversale d'ordre méthodologique**

Se donner des méthodes de travail efficaces.

Composante

L'élève accomplit la tâche.

Préparation

Matériel	*Pour l'enseignante:* • feuille reproductible 25.1, «Cartes de verbes» *Par équipe:* • feuille reproductible 25.2, «Cadran des rôles» • carte de verbe portant le numéro du groupe • références sur les tableaux de conjugaison
Structure coopérative	Partage des rôles
Formation des groupes	Groupes de base de 4 élèves
Préalables	L'enseignante écrit au tableau le temps de verbe attribué à chaque groupe à titre d'aide-mémoire lors de la fabrication de la carte. Elle explique que chaque groupe aura à se prononcer sur l'écriture du verbe à chacun de ces temps à l'étape «vérifier et corriger». Elle remet à chaque groupe une carte de verbes découpée dans la feuille reproductible 25.1 et un cadran des rôles (feuille reproductible 25.2). Elle invite les élèves à prendre connaissance des rôles et à essayer de les comprendre. Les rôles sont: passeur, scripteur, vérificateur, animateur. L'enseignante pige le nom d'un élève qui aura un rôle supplémentaire, soit celui d'observateur, afin de donner le signal lorsque tous les passeurs ont la main levée.
Pistes d'observation	*Compétence disciplinaire* • utiliser toutes les ressources à sa disposition; • rectifier l'orthographe grammaticale selon les règles apprises. *Compétence transversale* • mener à terme sa tâche avec rigueur.

Activité

Amorce

L'enseignante présente l'activité aux élèves par une mise en situation :

- Avez-vous déjà remarqué comment les jeux de cartes sont utilisés pour apprendre ? Pensez aux jeux de mémoire, d'association, de complémentaires, etc., et à tout ce que vous avez retenu en les manipulant. En connaissez-vous ? Nommez-les. Aimez-vous jouer à ces jeux ? Je vous propose de fabriquer un jeu de cartes qui servira à assimiler les temps de verbes nécessaires pour corriger des textes. Ce sera un référentiel pour la classe, que vous pourrez consulter au besoin.

Déroulement de l'activité

Les élèves effectuent les tâches suivantes :

1re partie : Exécuter une consigne

- Dicter la personne à conjuguer (ex. : 3e personne singulier) sur la carte de verbes (animateur) ;
- écrire la personne à la question 1 (scripteur) ;
- tourner le cadran dans le sens des aiguilles d'une montre, répondre oralement à l'énoncé et épeler la réponse à voix haute (animateur) ;
- valider la réponse à l'aide d'un tableau de conjugaison ou d'un référentiel (vérificateur) ;
- écrire la réponse validée sur la carte de verbes (scripteur) ;
- signaler que le groupe a fini d'écrire l'énoncé en levant la main (passeur) ;
- lorsque tous les passeurs ont la main levée, l'observateur donne le signal d'aller déposer la carte au centre de l'équipe suivante (ex. : groupe 6 vers groupe 7, groupe 7 vers groupe 1, etc. ;
- écrire le temps de verbe assigné à son équipe sur la nouvelle carte (scripteur) ;
- exécuter la consigne comme précédemment ;
- continuer jusqu'à ce que tous les numéros des cartes soient remplis et que chaque groupe reçoive sa carte de départ.

2e partie : Vérifier et corriger

- En groupe, vérifier les questions et l'exactitude des réponses ;
- lire l'énoncé 1 et épeler la réponse écrite (animateur) ;
- valider la réponse à l'aide du tableau de conjugaison et faire les changements s'il y a lieu (vérificateur) ;
- remettre la carte de verbes vérifiée et signée à l'enseignante (passeur).

Rétroaction

Sur les apprentissages

L'enseignante pose les questions suivantes aux élèves :

- Qu'avez-vous appris en consultant le tableau de conjugaison ?
- Est-ce que c'était facile de lire le tableau de conjugaison ?
- Pourrez-vous consulter plus facilement un tableau de conjugaison lorsque vous en aurez besoin ?
- Comment vous sentez-vous quand vous faites ce genre de tâche ?
- Est-ce que vous allez consulter ce jeu de cartes lorsque vous aurez besoin de vous référer à un outil pour vérifier ?

Sur le processus de coopération

L'enseignante pose les questions suivantes aux élèves :

- Est-ce que le cadran des rôles était un bon moyen pour faire participer tout le monde à la réalisation de l'activité ?
- Est-ce utile de changer les rôles pendant le travail ? Pourquoi ?
- Est-ce que la description écrite des rôles était facilitante pour accomplir la tâche ?
- Dans quel rôle te sentais-tu le plus à l'aise ? le moins à l'aise ? Pourquoi ?
- Aimeriez-vous travailler de nouveau avec le cadran des rôles ? Pourquoi ?

Considérations

- L'enseignante peut photocopier la feuille reproductible 25.1 sur du carton si elle veut conserver les cartes et les réutiliser tout au long de l'année.
- Il est important de refaire cette activité à quelques reprises dans le but d'enrichir le contenu du jeu de cartes. Lorsque le jeu est complété, il est possible d'organiser des groupes d'entraide pour utiliser le jeu et apprendre les conjugaisons. On peut former des équipes de tournoi pour vérifier la mémorisation des conjugaisons des verbes. Il serait intéressant de proposer l'activité du MTÉ[8] (méthode des tournois en équipe) pour l'apprentissage des verbes. Cette activité s'y prêterait bien puisqu'il s'agit de mémorisation.

---

8. Philip C. Abrami *et al. L'apprentissage coopératif : théories, méthodes, activités*, Montréal, Les Éditions de la Chenelière, 1996, p. 140 à 149.

Cartes de verbes

Groupe 1

Verbe : Aimer

1. Passé simple _____
_____
2. _____
_____
3. _____
_____
4. _____
_____
5. _____
_____
6. _____
_____
7. _____
_____

Groupe 2

Verbe : Aller

1. Subjonctif présent _____
_____
2. _____
_____
3. _____
_____
4. _____
_____
5. _____
_____
6. _____
_____
7. _____
_____

Groupe 3

Verbe : Avoir

1. Passé composé _____
_____
2. _____
_____
3. _____
_____
4. _____
_____
5. _____
_____
6. _____
_____
7. _____
_____

Groupe 4

Verbe : Commencer

1. Plus-que-parfait _____
_____
2. _____
_____
3. _____
_____
4. _____
_____
5. _____
_____
6. _____
_____
7. _____
_____

Cartes de verbes (suite)

Groupe 5

Verbe : Dire

1. Conditionnel passé _____

_____

2. _____

_____

3. _____

_____

4. _____

_____

5. _____

_____

6. _____

_____

7. _____

Groupe 6

Verbe : Être

1. Futur antérieur _____

_____

2. _____

_____

3. _____

_____

4. _____

_____

5. _____

_____

6. _____

_____

7. _____

Groupe 7

Verbe : Faire

1. Futur proche _____

_____

2. _____

_____

3. _____

_____

4. _____

_____

5. _____

_____

6. _____

_____

7. _____

Cadran des rôles

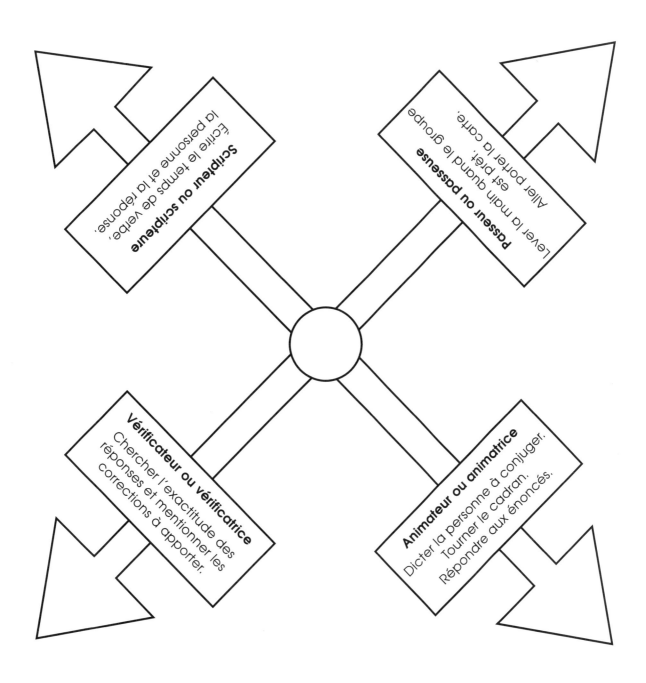

Scripteur ou scriptrice
Écrire le temps de verbe,
la personne et la réponse.

Passeur ou passeuse
Lever la main quand le groupe
est prêt.
Aller porter la carte.

Vérificateur ou vérificatrice
Chercher l'exactitude des
réponses et mentionner les
corrections à apporter.

Animateur ou animatrice
Dicter la personne à conjuger.
Tourner le cadran.
Répondre aux énoncés.

ACTIVITÉ 26

Des gens de chez nous

⊗ **Compétence disciplinaire**

Communiquer à l'aide des langages utilisés en science et en technologie.

Composante

L'élève exploite les langages courant et symbolique pour formuler une question, expliquer un point de vue ou donner une explication.

⊗ **Domaine général de formation**

Santé et bien-être

L'axe de développement porte sur la conscience de soi et de ses besoins fondamentaux, notamment sur le besoin d'acceptation et d'épanouissement comme garçon ou fille.

Activité d'apprentissage

Connaître et comparer des personnages francophones canadiens qui ont marqué l'histoire du pays et se projeter dans son devenir.

⊗ **Domaine d'apprentissage**

Science et technologie

⊗ **Compétence transversale d'ordre intellectuel**

Exploiter l'information.

Composante

L'élève s'approprie l'information.

Préparation

Matériel **Pour l'enseignante :**
- programme « Explorons l'univers de la Francophonie canadienne avec des grands noms qui ont contribué à sa richesse »
  www.rendezvousfrancophonie.com, www.acelf.ca
- 32 fiches de www.francocanada.gc.ca

Par élève :
- feuille reproductible 26.1, « Mon personnage »
- 2 grandes feuilles
- matériel d'art pour la représentation du personnage imaginé

Structure coopérative	Penser, pairer, partager
Formation des groupes	• dyades au hasard • groupes informels au hasard

Préalables L'enseignante dessine un diagramme de Venn, c'est-à-dire trois cercles qui ont des régions communes et spécifiques. Elle mentionne que ce diagramme est utile pour comparer, associer et différencier différentes données. Elle demande aux élèves de nommer des personnages francophones canadiens qui se démarquent par leurs réalisations et d'y associer des réalisations, des caractéristiques, des traits particuliers et d'autres aspects qu'ils aiment de ces personnages. L'enseignante retient deux des personnages nommés. Elle dessine trois cercles, en notant dans chacun le nom d'un personnage retenu. Dans le troisième, elle écrit « Moi », en précisant aux élèves qu'ils auront à écrire leur nom lors de l'activité. À partir de ce que les élèves savent sur les deux personnages, l'enseignante inscrit les points communs sous forme de mots dans les intersections et les différences dans la partie du cercle non commune. Elle peut ou non remplir la partie du Moi en se prenant en exemple. L'enseignante trouve avec les élèves les habiletés dont ils auront besoin pour compléter le diagramme. Par exemple : connaître, comparer, inférer, sélectionner, regrouper, analyser... Elle distribue au hasard une fiche biographique à chaque élève. L'enseignante demande aux élèves de tracer trois cercles sur une feuille de 11 po sur 17 po, d'écrire leur nom dans un des cercles et celui du personnage de la fiche dans un autre. Ce diagramme servira à l'étape « comparer » lors du déroulement.

Compétence disciplinaire

Échanger son point de vue sur ses liens et ceux de ses pairs.

Compétence transversale

- sélectionner l'information;
- valider l'information recueillie.

Activité

Amorce

L'enseignante prépare l'amorce en choisissant des personnages francophones canadiens différents de ceux qui apparaissent sur les fiches. Elle rassemble des éléments pouvant aider à reconnaître les personnages et s'assure de les faire varier. Par exemple: une chanson, un objet, une photographie...

L'enseignante présente aux élèves les indices représentant les personnages. Elle les invite à essayer de découvrir leur nom et la caractéristique qu'ils ont en commun. «Comme vous le constatez, ces francophones s'illustrent à l'extérieur du Canada et ils ne sont pas les seuls. Je vous propose d'en découvrir quelques-uns, de les comparer entre eux et avec vous et de vous visualiser en personnage francophone ayant marqué un jour l'histoire.»

Déroulement de l'activité

Les élèves effectuent les tâches suivantes:

1re partie: Explorer

- Lire individuellement la fiche biographique et consigner des renseignements sur le personnage (feuille reproductible 26.1);
- partir à la recherche d'un élève dont le personnage a au moins une caractéristique commune avec le leur;
- discuter des ressemblances à partir de la feuille reproductible 26.1.

2e partie: Comparer

- Se questionner à tour de rôle sur différents aspects mettant ce personnage en évidence;
- sur leur feuille, écrire les points que les personnages ont en commun dans les intersections; écrire les différences dans la partie du cercle spécifique au personnage;
- remplir individuellement le cercle réservé à l'élève (Moi) en inscrivant dans les intersections les points communs entre eux et ces personnages; dans l'autre partie, écrire ce qui les différencie des personnages;
- montrer leur diagramme à leur partenaire, échanger et d'un commun accord modifier en ajoutant, en déplaçant ou en enlevant ce qui est écrit dans le cercle à leur nom.

3e partie: S'engager

- S'imaginer être un personnage francophone qui a marqué l'histoire par ses réalisations en tenant compte de ce qui est écrit dans le cercle identifié à leur nom;
- se représenter sur une feuille soit par des dessins, des découpages, des montages, des photographies ou d'autres moyens en illustrant en quoi ils ont contribué à la richesse de la francophonie;
- se regrouper dans la classe avec d'autres élèves ayant un point en commun avec le personnage francophone imaginé à la partie «s'engager»;
- faire des présentations de leurs réalisations imaginées.

Rétroaction

Sur les apprentissages

L'enseignante pose les questions suivantes aux élèves:

- Quelles stratégies connaissez-vous pour sélectionner des informations dans un texte? Lesquelles utilisez-vous le plus souvent?
- Est-ce que cela vous effraie ou vous enthousiasme? Avez-vous découvert des modèles que vous souhaiteriez imiter dans les personnages rencontrés?
- Quel autre moyen utiliseriez-vous pour comparer des données?
- Le diagramme de Venn est-il adéquat pour sélectionner des informations qu'on veut comparer?

Sur le processus de coopération

L'enseignante pose les questions suivantes aux élèves:

- Expliquez de quelle façon vous avez fait le pairage?
- Avez-vous eu de la difficulté à trouver un personnage ayant un point en commun avec le vôtre? Comment s'est déroulé l'échange?
- Comment vous sentiez-vous lorsque vous avez discuté du contenu de votre cercle avec votre partenaire?
- Est-ce difficile de parler de soi? Est-ce difficile de se visualiser en personnage célèbre? Pourquoi?
- Est-ce que c'est facile de discuter de ce que vous souhaitez devenir plus tard?

Considérations

- Il serait intéressant de remettre aux élèves des fiches qui ne correspondent pas à leurs intérêts afin de leur faire découvrir d'autres domaines.
- Les élèves pourraient afficher leurs représentations des personnages à l'extérieur de la classe sous forme de galerie de portraits.
- L'enseignante peut refaire l'exercice du diagramme de Venn en réunissant des élèves de la classe qui auront à noter leurs ressemblances et leurs différences.
- L'ensemble des 32 fiches du programme «Explorons l'univers de la Francophonie canadienne avec des grands noms qui ont contribué à sa richesse» a été envoyé dans les écoles pour les classes de 5e et 6e année à l'automne 1999.

FEUILLE REPRODUCTIBLE 26.1

Mon personnage

Ville d'origine

____

Province d'origine

____

Date de naissance

____

Études

____

____

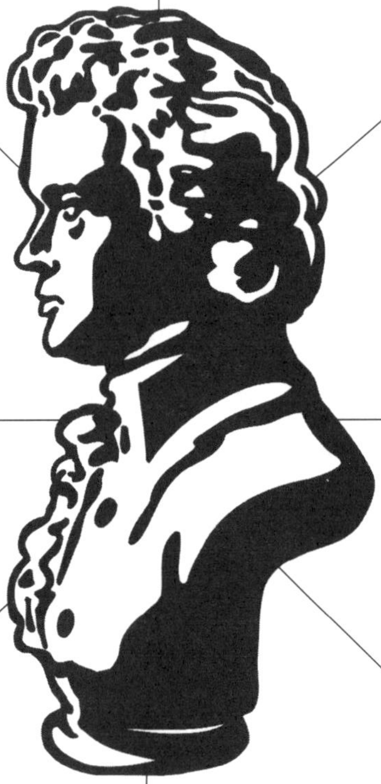

Talents

____

Passions

____

____

Inventions

____

____

Personnage

____

Publications, livres

____

____

Prix, récompenses

____

____

____

Rencontres avec des personnages célèbres

⭐ **Compétence disciplinaire**

Inventer des séquences dramatiques.

Composante

L'élève exploite des idées de création inspirées par une proposition.

⭐ **Domaine général de formation**

Médias

L'axe de développement porte sur l'appréciation des représentations médiatiques de la réalité, notamment sur les qualités esthétiques des productions médiatiques.

Activité d'apprentissage

Imaginer la rencontre de quelques personnages francophones et préparer une séquence dramatique sur ce qu'ils auraient à confier ; présenter la séquence à un autre groupe-classe.

⭐ **Domaine d'apprentissage**

Art dramatique

⭐ **Compétence transversale de l'ordre de la communication**

Communiquer de façon appropriée.

Composante

L'élève établit l'intention de la communication.

Préparation

Matériel	***Par équipe :***	
	• jetons de conversation	• ciseaux
	• feuille reproductible 27.1, « La roue des idées »	• matériel pour les décors
		• accessoires et costumes

Structure coopérative
- feuille tournante
- discussions avec interventions limitées
- partage des rôles liés au fonctionnement
- partage de la tâche

Formation des groupes   Groupes de base de 4 élèves

Préalables   Pour réaliser ce projet, l'enseignante peut utiliser les 32 fiches biographiques du programme « Explorons l'univers de la Francophonie canadienne avec des grands noms qui ont contribué à sa richesse » (www.rendezvousfrancophonie.com). Cette activité peut aussi suivre l'activité 26, Des gens de chez nous. L'enseignante invite les élèves à observer les attitudes, les gestes, l'expression des sentiments, l'intensité de la voix de différents personnages dans une fiction, à la télévision, au cinéma, dans le but d'enrichir la création de leurs personnages. Elle explore, à travers des ateliers d'improvisation, les aspects suivants du langage dramatique : mimiques, gestes, mouvement, intensité de la voix, etc., en se référant aux observations que les élèves ont faites de certains personnages. Le site www.infiniT.com renseigne sur tous les aspects importants de l'improvisation. L'enseignante demande à chaque élève de penser à un personnage francophone qu'il aimerait inter-préter dans le but d'imaginer une rencontre avec les autres personnages que les membres du groupe de base auront choisi de jouer. Chacun explique aux autres pourquoi il s'inté-resse à ce personnage. Lorsque les personnages sont choisis, chacun écrit le nom de son personnage dans la partie « Qui » de la roue des idées (feuille reproductible 27.1). L'élève peut se documenter sur le personnage francophone choisi s'il le juge nécessaire. L'ensei-gnante modélise l'utilisation de la roue des idées (feuille reproductible 27.1). Elle définit avec les élèves les habiletés qu'ils devront exercer pour réaliser le projet, par exemple : imaginer, écouter, répéter, rassembler, manipuler, observer, personnifier, réaliser, communiquer, visualiser, analyser, etc., afin qu'ils saisissent la richesse et la complexité de cette tâche.

Compétence disciplinaire
• tenir compte des idées de ses camarades.

Compétence transversale
• adopter une attitude favorable aux interactions.

Activité

Amorce

L'enseignante demande à quelques élèves d'improviser sur la rencontre de personnages de contes, de bandes dessinées. Par exemple : Tintin rencontre le Petit Chaperon rouge. Elle recueille les réactions, les commentaires des élèves sur l'improvisation. Elle présente le projet, qui consiste à imaginer, en groupe de base, une situation où des personnages francophones se rencontrent et discutent.

Déroulement de l'activité

Les élèves effectuent les tâches suivantes :

1re partie : Faire émerger des idées

• À l'aide de la roue des idées (feuille reproductible 27.1), trouver en groupe des idées pour créer le contexte de la rencontre des personnages selon la structure de la feuille tournante.

2e partie : Sélectionner des idées

• Discuter des idées proposées avec les jetons de conversation, pour permettre à chacun de s'exprimer ;
• se mettre d'accord sur les idées pertinentes que l'on veut conserver dans chacune des parties du cercle afin de créer le contexte de la rencontre des personnages.

3e partie : Élaborer les étapes de la séquence dramatique

• Improviser à quelques reprises sur les idées retenues par le groupe de base ;
• retenir les éléments de l'improvisation pertinents à la création du scénario (le moment, les raisons, l'action) ;
• rassembler les éléments retenus afin de composer la séquence dramatique et l'écrire ;
• dresser la liste des accessoires, décors, costumes à réaliser ou à se procurer.

4e partie : Produire

• Répartir les rôles liés au fonctionnement parmi les membres du groupe : facilitateur, intermédiaire, gardien du temps et responsable du matériel ;
• déterminer les étapes qui seront nécessaires à la fabrication des décors ;
• répartir les tâches équitablement ;
• fabriquer ou se procurer les costumes, les accessoires et les décors.

5e partie : Organiser la présentation de la séquence dramatique

• Préparer une invitation en donnant les informations sur la présentation : date, heure, lieu et titre de la présentation et la remettre à une autre classe ;

• installer les décors et répéter avec les costumes et les accessoires ;
• recevoir les critiques constructives des autres groupes ;
• faire les ajustements, s'il y a lieu.

6e partie : Présenter

• Jouer la séquence dramatique devant une autre classe.

Rétroaction

Sur les apprentissages

L'enseignante pose les questions suivantes aux élèves :
• Quelle stratégie avez-vous choisie pour sélectionner les informations dans la roue des idées ?
• Comment les idées émises dans la roue ont-elles influencé la création de la séquence dramatique ?
• Un schéma comme celui-là est-il utile pour planifier ? Comment pourrions-nous l'améliorer ?
• À quelles autres occasions pourriez-vous l'utiliser ?

Sur le processus de coopération

L'enseignante pose les questions suivantes aux élèves :
• Est-ce utile d'utiliser les jetons de conversation lors des discussions ? Pourquoi ?
• En quoi les membres de votre groupe vous ont-ils aidé à interpréter vos personnages ?
• Avez-vous découvert des habiletés qu'ils possèdent et dont vous avez profité en travaillant en collaboration avec eux ?
• De quelles manières se sont manifestés les encouragements de votre groupe ?
• Avez-vous encouragé les autres ? Comment l'avez-vous fait ?

Considérations

• L'enseignante peut profiter de l'écriture du scénario pour enseigner les règles de la ponctuation liées au dialogue.
• Lors de l'étape de production des décors, des accessoires et des costumes, l'enseignante peut réinvestir les notions mathématiques suivantes : nombres décimaux, unités de mesure, longueurs, fractions, aires...
• Par la suite, les élèves pourraient s'inspirer de l'expérience et créer une pièce de théâtre en projet collectif.
• Ce projet peut s'échelonner sur plusieurs périodes. Il revient à l'enseignante de décider du temps à accorder à chacune des étapes de réalisation.

La roue des idées

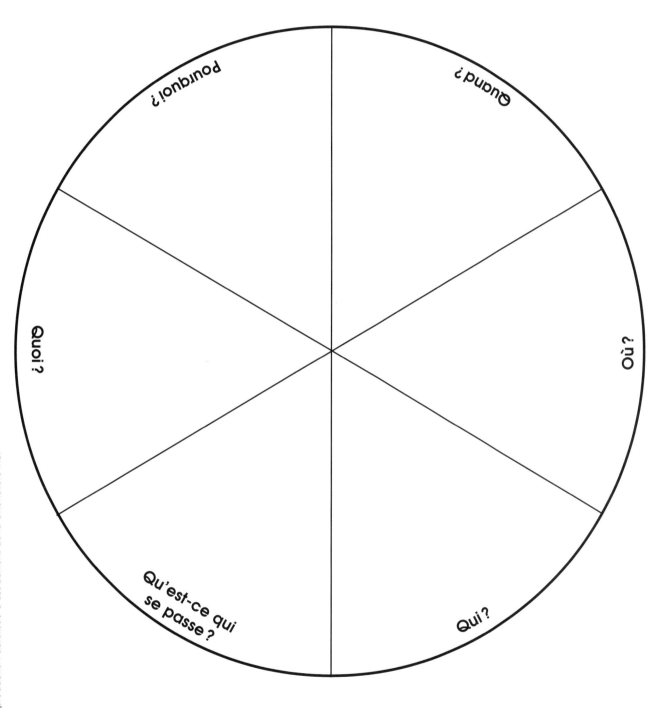

ACTIVITÉ 28

Pour l'amour des oiseaux

⊕ Compétence disciplinaire

Proposer des explications ou des solutions à des problèmes d'ordre scientifique ou technologique.

Composante

L'élève recourt à des stratégies d'exploration variées.

⊕ Domaine général de formation

Environnement et consommation

L'axe de développement porte sur la présence à son milieu, notamment sur la reconnaissance de l'interdépendance entre l'environnement et l'activité humaine.

Activité d'apprentissage

Poser des actions pour attirer les oiseaux près de l'école.

⊕ Domaine d'apprentissage

Science et technologie

⊕ Compétence transversale d'ordre intellectuel

Résoudre des problèmes.

Composante

L'élève met à l'essai des pistes de solution.

Préparation

Matériel	**Pour l'enseignante:** • carton **Par équipe:** • feuille reproductible 28.1, «Aide-mémoire» • feuilles blanches • crayons de couleur
Structure coopérative	• table ronde simultanée • méli-mélo • partage de la tâche • partage des rôles liés au fonctionnement
Formation des groupes	Groupes informels au hasard
Préalables	L'enseignante prépare une activité de méli-mélo en découpant des silhouettes d'oiseaux dans le but de former des groupes. Elle annonce l'activité et demande aux élèves d'écrire sur une feuille tous les moyens possibles d'attirer les oiseaux près de nos demeures. Elle peut faire cette étape dans les jours qui précèdent afin que les élèves puissent consulter des sources d'information sur le sujet. Chaque élève signe sa feuille et la conserve pour réaliser la table ronde simultanée en première étape du déroulement.
Pistes d'observation	**Compétence disciplinaire** • émettre des idées de solutions au regard de la problématique; • choisir l'idée de solution la plus prometteuse. **Compétence transversale** • déterminer les étapes; • mettre en œuvre la solution.

Activité

Amorce

L'enseignante présente aux élèves le défi qui leur est proposé : « Vous avez comme mission de trouver des façons d'attirer des oiseaux près de l'école et d'en choisir une que vous aurez à réaliser en groupe de projet. » Elle anime ensuite une discussion toutefois sans l'orienter ni la diriger. Elle laisse planer des doutes et consigne les idées émises sur le grand carton afin d'y revenir au cours du projet et à la fin. Elle pose quelques questions aux élèves :

- Vous êtes-vous déjà demandé si c'était par hasard que certains oiseaux se retrouvent autour de vos maisons ?
- Quels sont ces oiseaux que vous observez près de chez vous ?
- Pourquoi se retrouvent-ils à cet endroit ?
- Sont-ils présents 12 mois par année ?
- Selon vous, qu'est-ce qui attire les oiseaux à des endroits particuliers ?

L'enseignante invite les élèves à faire part de leurs hypothèses et de leurs connaissances à ce propos avant de passer au déroulement en vue de vérifier, de collecter et de traiter l'information.

Déroulement de l'activité

Les élèves effectuent les tâches suivantes :

1re partie : Faire émerger des idées

- Faire une table ronde simultanée pour lire les idées émises (chaque élève consulte la feuille des autres membres du groupe, paraphe les idées qu'il considère importantes à conserver et en ajoute d'autres, au besoin. On ne paraphe pas les idées qu'on ne veut pas conserver) ;
- échanger les feuilles du groupe contre celles d'un autre groupe ;
- recommencer le processus pour enrichir la banque d'idées ;
- remettre les feuilles au groupe.

2e partie : Sélectionner des idées

- Reprendre leur feuille et entourer l'énoncé paraphé par le plus d'élèves ;
- présenter cet énoncé au reste du groupe ;
- choisir un moyen d'attirer les oiseaux à partir des suggestions en faisant consensus autour d'un moyen qui tient compte de ces critères : est-il réalisable ? convient-il à notre environnement ? pouvons-nous le concrétiser ? respecte-t-il les besoins des oiseaux ? est-il le plus intéressant ?

3e partie : Produire

- Répartir les rôles liés au fonctionnement au cours de cette étape : facilitateur, intermédiaire, gardien du temps et vérificateur ;

- prendre l'aide-mémoire (feuille reproductible 28.1) ;
- faire un plan pour déterminer les étapes de réalisation ;
- dresser la liste du matériel ;
- répartir les tâches équitablement : « Qui fera quoi ? » ;
- exécuter avec précision le moyen choisi en lien avec les effets attendus.

4e partie : Mettre en œuvre la solution

- Construire un tableau qui permettra de consigner des observations sur l'effet du moyen choisi.

5e partie : Valider le moyen choisi

- Présenter au reste de la classe le compte rendu de l'expérience en dégageant les réussites et les difficultés, en montrant les données du tableau qui permettent de tirer des conclusions.

Rétroaction

Sur les apprentissages

L'enseignante pose les questions suivantes aux élèves :

- De quelles façons avez-vous accédé à vos sources d'information ?
- Pourquoi avez-vous choisi ces façons de faire ?
- Si vous aviez un travail semblable à refaire, vous y reprendriez-vous de la même façon ?
- Quelle étape vous a semblé la plus difficile ? Pourquoi ?
- Trouvez-vous que la solution choisie était la plus plausible ? L'avez-vous choisie au contraire pour vérifier ce qui vous apparaissait peu possible ?

Sur le processus de coopération

L'enseignante pose les questions suivantes aux élèves :

- Avez-vous trouvé utile de faire le remue-méninges au moyen de la table ronde simultanée ?
- Est-ce un bon moyen pour respecter les idées et l'opinion de tout le monde ?
- De quoi êtes-vous le plus satisfaits dans votre groupe ?
- Quel rôle a été le plus difficile à jouer ? Pourquoi ?

Considérations

- L'enseignante peut inviter les élèves à écrire les étapes de réalisation du projet et réunir tous les projets pour en faire un recueil à l'intention des amis des oiseaux.
- Les élèves pourraient inviter d'autres groupes à réaliser leur projet. Ils pourraient aussi aller présenter leurs découvertes dans une autre classe.
- L'enseignante peut proposer aux élèves de faire paraître un article dans le journal local.
- Les élèves pourraient participer à un expo-science pour naturalistes.

Aide-mémoire

Critères pour choisir un moyen d'attirer les oiseaux

– Est-il réalisable ?

– Convient-il à notre environnement ?

– Pouvons-nous le concrétiser ?

– Respecte-t-il les besoins des oiseaux ?

– Est-il le plus intéressant ?

_____

_____

_____

Plan de réalisation

– Nous traçons le plan ou le modifions au besoin.

– Avons-nous tout ce dont nous avons besoin ?

– Nous commençons par... ensuite nous...

– Nous regardons ce que nous faisons et nous en discutons.

– Nous nous parlons de ce que nous sommes en train de faire et nous anticipons les résultats.

_____

_____

_____

Matériel

Tâches à partager : _____

_____

_____

_____

Qui fera quoi ? _____

_____

_____

_____

Effets attendus : _____

_____

_____

_____

ACTIVITÉ 29

Mon milieu, source de paix ou de conflits ?

⭐ **Compétence disciplinaire**

Comprendre des situations de vie en vue de construire son référentiel moral.

Composante

L'élève analyse, dans son milieu, des situations de vie et les repères pour agir qui y sont associés.

⭐ **Domaine d'apprentissage**

Enseignement moral

Activité d'apprentissage

Faire le portrait de son milieu en réfléchissant à des manifestations de paix ou de conflits.

⭐ **Domaine général de formation**

Vivre-ensemble et citoyenneté

L'axe de développement porte sur la culture de la paix, notamment sur la résolution pacifique des conflits.

⭐ **Compétence transversale d'ordre personnel et social**

Structurer son identité.

Composante

L'élève s'ouvre aux stimulations environnantes.

Préparation

Matériel	*Pour l'enseignante :* • guide pédagogique *Cinquante ans au sein des Nations Unies* (site Internet de l'ONU : http://srch0.un.org:80/french) *Par équipe :* • feuille reproductible 29.1, « Logos et symboles de l'ONU » • 4 exemplaires d'une citation tirée de la feuille reproductible 29.2, « Les citations » • 2 exemplaires de la feuille reproductible 29.3, « Étapes de réflexion et de discussion » • jetons de conversation • grand carton
Structure coopérative	• controverse • partage d'idées • partage de la tâche • pairer, partager • discussions avec interventions limitées
Formation des groupes	Groupes de base de 4 élèves
Préalables	L'enseignante présente le système des Nations Unies et en décrit brièvement le fonctionnement[9]. Elle peut faire vivre des activités suggérées dans le guide pédagogique *Cinquante ans au sein des Nations Unies* (*voir* rubrique « Matériel »). L'enseignante demande à chaque membre des groupes de base d'observer et de relever des manifestations de paix ou de conflits qu'il voit vivre

9. C. Évangéliste-Perron, Martine Sabourin, Cynthia Sinagra. *Apprendre la démocratie, Guide de sensibilisation et de formation selon l'apprentissage coopératif*, Montréal, Les Éditions de la Chenelière, 1996, p. 300.

autour de lui et de les écrire sur le carton du groupe. Cette collecte de données peut s'échelonner sur plusieurs jours.

L'enseignante initie les élèves à la structure de la controverse. Cette structure peut servir dans la discussion à faire des nuances et à modifier des perceptions et des idées. Elle présente un exemple en demandant à deux élèves d'être pour un sujet et à deux autres d'être contre ; chacun argumente selon sa position. L'enseignante détermine la durée de la discussion. Elle démontre les stratégies d'argumentation et de formulation utilisées pour faire valoir ses idées et pour manifester son désaccord avec les arguments fournis.

Pistes d'observation	**Compétence disciplinaire** • décrire la réalité humaine à partir de situations tirées de son expérience. **Compétence transversale** • échanger ses points de vue avec l'autre ; • accueillir les divergences.

Activité

Amorce

L'enseignante informe les élèves des différentes missions de l'ONU en distribuant la feuille reproductible 29.1 à chaque groupe de base en ayant soin de masquer la signification des logos avant de les photocopier. Elle leur demande de découvrir ce que ces symboles peuvent représenter. Elle mentionne à quelle institution des Nations Unies (ONU) chacun des logos appartient. Elle invite les élèves à réfléchir sur les manifestations de paix ou de conflits dans leur entourage, à l'image de l'ONU, afin de faire le portrait de leur milieu.

Déroulement de l'activité

1re partie : Réfléchir
• Prendre la citation remise à leur groupe de base ;
• discuter selon le processus indiqué sur la feuille reproductible 29.3.

2e partie : Classifier et analyser
• À partir de l'affiche des manifestations de paix et de conflits qui a servi à la collecte des données, analyser le contenu et communiquer leurs observations aux membres de leur groupe ;
• s'entendre sur une façon de regrouper les énoncés ayant des points communs entre eux ;
• faire les regroupements selon la méthode et les catégories retenues par le groupe de base ;
• donner un titre à chacun des ensembles ;
• pour chaque ensemble, composer une phrase qui résume la situation représentée par les énoncés de chaque catégorie.

3e partie : Présenter
• En groupe, trouver une façon de partager les conclusions à la classe (ex. : reportage journalistique, entrevue, bulletin de nouvelles...).

Rétroaction

Sur les apprentissages
L'enseignante invite les élèves à faire une réflexion personnelle dans leur journal intime, s'ils en ont un, ou dans leur carnet de bord. Elle oriente le questionnement des élèves par ces pistes :
• Êtes-vous des agents de paix dans votre milieu ? Comment ?
• Quels moyens utilisez-vous pour régler les conflits ?
• Quels sentiments vivez-vous en situation de conflit ?
• Comment gérez-vous ces sentiments ?
• Quelles attitudes pouvez-vous adopter pour contribuer au mieux-vivre collectif ?

Sur le processus de coopération
L'enseignante pose les questions suivantes aux élèves :
• Avez-vous trouvé difficile de discuter en utilisant la technique de la controverse ?
• Comment la technique de la controverse aide-t-elle lors d'une discussion ?
• Est-ce que cette façon de procéder vous aide à clarifier votre pensée ?
• Votre opinion a-t-elle changé en cours de discussion ?
• Quels moyens avez-vous utilisés pour faire les regroupements ?
• Êtes-vous fiers du travail de votre groupe ?

Considérations

L'enseignante peut consulter la section CyberSchoolBus du site internet de l'ONU. Cette activité peut servir d'amorce à une réflexion de toute l'école sur la gestion des conflits.

Logos et symboles de l'ONU

Organisation des Nations Unies pour l'alimentation

Programme des Nations Unies pour l'environnement

Haut-Commissariat des Nations Unies

Institut international de recherche et de formation des Nations Unies pour la promotion de la femme

Programme alimentaire mondial

Organisation mondiale de la santé

Fonds des Nations Unies pour l'enfance

Les citations[10]

Si je pouvais faire exaucer trois vœux, je demanderais trois fois la paix mondiale.

(Marlia Moore, 8e année)

Ce n'est pas en tuant son ennemi que l'on s'en débarrasse, car on se fait ainsi d'autres ennemis. Le moyen le plus efficace de se débarrasser d'un ennemi, c'est de s'en faire un ami.

(Peace Child, 1992, *Mission Terre : Au Secours de la planète*, p. 61)

Nous sommes capables de voler comme les oiseaux et de parcourir les mers comme des poissons, mais nous demeurons incapables d'accomplir un acte aussi simple que de marcher sur la Terre, main dans la main, comme des frères.

(Martin Luther King)

De nos jours, il est aussi inconcevable de gagner une guerre que de vaincre un tremblement de terre.

(Jeanette Rankin)

La paix et la sécurité ne s'acquièrent pas à coups de fusil.

(Desmond Tutu)

La non-violence est plus puissante que toutes les armes du monde. Elle est plus forte que l'arme la plus forte jamais inventée par l'homme.

(Mahatma Ghandi)

Quand la paix est rompue quelque part, celle de tous les pays est en danger.

(Franklin Roosevelt)

10. Tiré de : Bart Hancock *et al. Cinquante ans au sein des Nations Unies*, Comité canadien pour le cinquantième anniversaire des Nations Unies, 1995, p. 25.

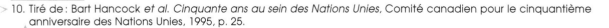

Étapes de réflexion et de discussion

Consignes pour la discussion en groupe de base

1. Nous déterminons un sous-groupe en accord avec le sens de la citation et un autre en désaccord.

2. Nous procédons à la discussion en respectant les étapes proposées.

Individuellement

1. Je lis la citation.

2. Je m'assure que je comprends tous les mots.

3. Je sais ce que la phrase veut dire.

4. Je dresse une liste des raisons d'être d'accord ou en désaccord avec cette citation.

En dyade

1. Nous reformulons en nos mots le sens de la citation.

2. Nous émettons des raisons possibles justifiant notre accord (pour) ou notre désaccord (contre) avec le sens de la citation.

3. Nous précisons nos arguments selon notre accord ou notre désaccord avec la citation.

4. Nous pouvons noter nos idées principales à l'aide de mots-clés sur un schéma organisateur afin de nous les rappeler.

En groupe de base

1. Nous utilisons les jetons de conversation pour garantir un droit de parole équitable lors de l'échange.

2. Nous écoutons les interventions de l'autre sous-groupe en prenant soin de reformuler pour nous assurer de la compréhension des propos.

3. Nous critiquons les idées et non les gens.

4. Nous échangeons sur un ton de voix respectueux.

5. Nous comparons nos points de vue et les enrichissons.

6. Nous choisissons une phrase qui résume notre discussion et convenant au contenu de la citation.

7. À l'ordinateur, nous écrivons notre citation en gros caractères. Comme sous-titre, nous écrivons en caractères de grosseur moyenne et en italique la phrase qui a émergé de notre discussion.

8. Nous affichons le tout à l'endroit réservé à cet effet.

ACTIVITÉ 30

Sommes-nous des agents de paix ?

✪ Compétence disciplinaire
Écrire des textes variés.

Composante
L'élève exploite l'écriture
à diverses fins.

Activité d'apprentissage
Réaliser un sondage
sur les manifestations
de paix ou de conflits
dans son milieu afin
de proposer des actions
pour s'engager au maintien
de la paix.

✪ Domaine d'apprentissage
Français, langue
d'enseignement

✪ Domaine général de formation
Vivre-ensemble et citoyenneté

*L'axe de développement porte sur
la culture de la paix, notamment
sur la sensibilisation aux situations
de coopération et d'agression.*

✪ Compétence transversale d'ordre méthodologique
Se donner des méthodes
de travail efficaces.

Composante
L'élève accomplit la tâche.

Préparation

Matériel	***Par équipe :*** • feuille reproductible 30.1, « Modalités du sondage » ***Par dyade :*** • feuille reproductible 30.2, « Critères pour la formulation des énoncés » ***Par élève :*** • feuille reproductible 30.3, « Autoévaluation »
Structure coopérative	• partage des rôles liés à la tâche • vérification par les pairs
Formation des groupes	• groupes de base de 4 élèves • dyades • groupe représentatif • groupe d'experts
Préalables	L'enseignante demande aux élèves d'apporter en classe des sondages, des questionnaires, des tests vus dans des magazines afin d'explorer la forme et la présentation de cette forme d'enquête. Cette analyse facilitera la tâche de la rédaction du sondage. L'enseignante examine avec les élèves, au moyen d'une carte d'exploration, les diverses opérations et modalités à mettre en place pour effectuer un sondage en vue de prendre des décisions à cet effet. Elle invite les groupes de base à établir les modalités du sondage (feuille reproductible 30.1) à partir de la carte d'exploration. Pour la mise en projet, l'enseignante répartit le travail de façon qu'un groupe de base soit responsable de la mise en page d'une des sections. Cela facilitera le découpage lors de l'analyse et de la compilation des résultats. Pour ce faire, l'enseignante se réfère aux catégories qui ont émergé lors de l'activité 29, Mon milieu, source de paix ou de conflits ?, en vue d'attribuer une catégorie à chaque groupe de base. Cette catégorie deviendra la trame des différents énoncés à sonder.
Pistes d'observation	***Compétence disciplinaire*** • ajuster le contenu de son texte selon le support retenu ; • effectuer une mise en page appropriée, à la main ou au traitement de texte. ***Compétence transversale*** • gérer son matériel, son lieu de travail et son temps ; • vérifier la cohérence de la séquence d'actions ; • mener sa tâche à terme avec rigueur.

Activité

Amorce

L'enseignante présente les résultats de certains sondages et invite les élèves à trouver les étapes de réalisation qui ont permis d'obtenir de tels résultats. Elle peut afficher à l'aide d'un rétroprojecteur des tableaux identifiant clairement les résultats d'un ou de quelques sondages publiés dans les journaux.

Déroulement de l'activité

Les élèves effectuent les tâches suivantes :

1re partie : Préparer les formulations du sondage

Recueillir les informations

- Consulter les affiches des différents groupes réalisées lors de l'activité 29, Mon milieu, source de paix ou de conflits ? ;
- repérer les informations concernant leur catégorie (ex. : plusieurs manifestations de conflits ont lieu lors de la période du dîner, dans la cour d'école ; le partage des territoires cause des conflits chez les plus jeunes) ;
- déterminer les points à sonder ;
- se partager la tâche en deux sous-groupes.

Élaborer les formulations

- Poser des questions qui permettent de savoir pourquoi et comment les diverses manifestations de paix ou de conflits se produisent ;
- rédiger un questionnaire pour le sondage ;
- présenter leur questionnaire à l'autre dyade ;
- les modifier, s'il y a lieu, selon les commentaires reçus ;
- corriger la forme à l'aide des critères de la feuille reproductible 30.2 ;
- préparer la présentation des formulations lors de la mise en commun en groupe représentatif.

2e partie : Organiser le sondage

- Jouer les rôles liés à la tâche au cours de ces étapes : secrétaire, compilateur, découpeur, analyste.

Mettre au propre

- Transcrire les questionnaires du groupe à l'ordinateur (secrétaire) ;
- réunir les parties de tous afin de constituer une synthèse du sondage ;
- finaliser la présentation du sondage en groupe d'experts (secrétaire) ;
- faire reprographier les documents produits par les groupes ;
- aider les autres membres du groupe lorsque les rôles ne se jouent pas simultanément.

Distribuer

- Distribuer le sondage auprès des personnes ciblées et planifier un point de réception en vue de recevoir les réponses pour une date précise ;
- partager les énoncés du sondage et les remettre à chacun des groupes (découpeur).

Compiler

- Rassembler les réponses de tous les sondages (compilateur) ;
- construire un instrument de compilation des résultats ;
- consigner les données recueillies.

Analyser le sondage

- Examiner les données, exprimer leur opinion face à la question de départ : Quelles sont les manifestations de paix et de conflits observables dans notre milieu ? (analyste) ;
- discuter du point de vue de l'analyste et apporter leurs propres observations ;
- interpréter les résultats selon les réponses reçues.

Diffuser et s'engager

- Aller dans les classes pour présenter les conclusions de ce sondage ;
- demander à chaque classe de décider en conseil de coopération d'un acte d'engagement en vue de maintenir la paix dans l'école et de trouver des solutions aux problèmes qui en sont ressortis ;
- ramasser les actes d'engagement de chaque classe à une date déterminée ;
- publier sur une affiche géante les actes d'engagement des classes participantes.

Rétroaction

Sur les apprentissages

L'enseignante demande aux élèves de faire une auto-évaluation individuelle (feuille reproductible 30.3, parties 1 et 2). Elle leur pose ensuite la question suivante :

- Comment les critères ont-ils été utiles pour formuler les énoncés ?

Sur le processus de coopération

L'enseignante demande aux élèves de terminer leur autoévaluation (feuille reproductible 30.3, partie 3). Elle leur pose ensuite des questions :

- Comment s'est déroulée la vérification par les pairs ?
- En quoi est-ce difficile d'accepter les modifications proposées ?
- Le travail en groupe d'experts vous a-t-il aidés ? Pourquoi ?

Considérations

- Il est possible de réaliser un sondage sur tout autre sujet dans la classe ou dans l'école en suivant les étapes ci-dessous :
  - Première étape : rédaction du sondage concernant le sujet à sonder.
  - Deuxième étape : sonder les personnes ciblées lors des préalables en vue de recueillir des informations.
  - Troisième étape : compiler l'information en vue de publier les résultats dans une production (graphique, tableaux) de façon claire.
- En guise de prolongement, l'enseignante peut inviter des responsables de classe à venir parler de l'efficacité des moyens appliqués pour maintenir la paix et des façons de réaliser et de concrétiser leur engagement.
- Les élèves pourraient préparer des messages de rappel et d'encouragement et aller les lire dans les classes.
- Les élèves pourraient rédiger un article pour le journal du quartier.
- Le conseil étudiant peut conserver ce sondage et poursuivre tout au long de l'année cette recherche du maintien de la paix dans le milieu.

Modalités du sondage

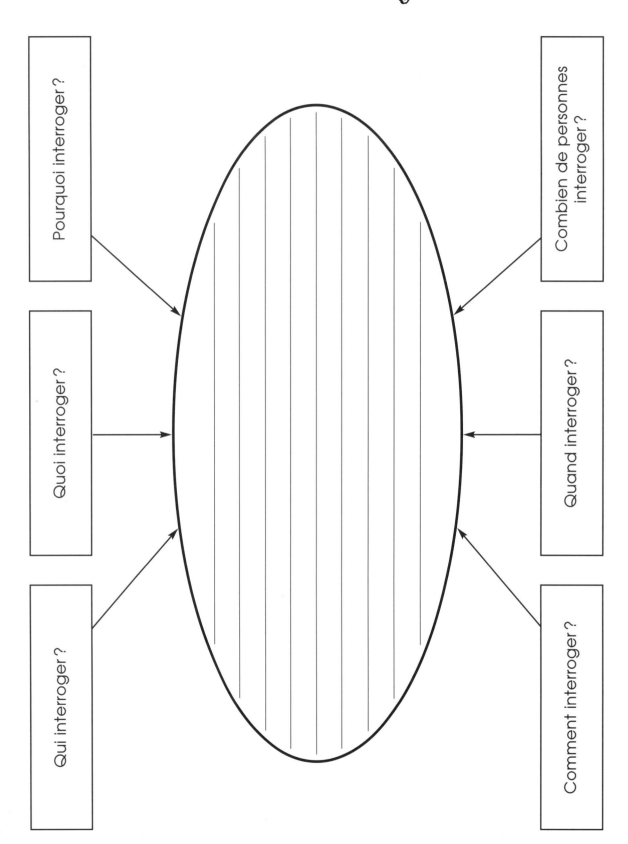

Pourquoi interroger ?

Quoi interroger ?

Qui interroger ?

Combien de personnes interroger ?

Quand interroger ?

Comment interroger ?

Critères pour la formulation des énoncés

À l'aide des critères suivants, vérifie l'exactitude des énoncés.

Inscris

O pour oui

N pour non

N/A pour ne s'applique pas.

L'emploi des mots interrogatifs est pertinent.	
Les questions sont claires.	
Les énoncés avec des choix multiples sont précis.	
La longueur des énoncés est raisonnable.	
L'orthographe d'usage est respectée.	
L'orthographe grammaticale est respectée.	
La ponctuation (? ,: .!) convient aux formes d'énoncés utilisées.	
J'ai utilisé la grammaire, le dictionnaire et les documents de référence.	

Autoévaluation

Nom : _____

Légende

  0 très facile
  5 normal
 10 très difficile

Lis la légende, puis colorie la règle jusqu'au chiffre qui correspond au niveau de difficulté de réalisation du projet.

Partie 1

En général, j'ai trouvé le projet :

1	2	3	4	5	6	7	8	9	10

Partie 2

J'évalue le niveau de difficulté des étapes :

• recueillir l'information

1	2	3	4	5	6	7	8	9	10

• élaborer les questions

1	2	3	4	5	6	7	8	9	10

• organiser le sondage

1	2	3	4	5	6	7	8	9	10

• analyser le sondage

1	2	3	4	5	6	7	8	9	10

• diffuser et s'engager

1	2	3	4	5	6	7	8	9	10

Partie 3

J'évalue le niveau de difficulté du rôle que j'ai joué :

• secrétaire

1	2	3	4	5	6	7	8	9	10

• compilateur ou compilatrice

1	2	3	4	5	6	7	8	9	10

• découpeur ou découpeuse

1	2	3	4	5	6	7	8	9	10

• analyste

1	2	3	4	5	6	7	8	9	10

ACTIVITÉ 31

Les droits de l'enfant : pour tous, partout !

⭐ **Compétence disciplinaire**

Prendre position de façon
éclairée sur des situations
comportant un enjeu moral.

Composante

L'élève définit l'enjeu moral.

⭐ **Domaine général de formation**

Vivre-ensemble et citoyenneté

*L'axe de développement porte sur
la culture de la paix, notamment
sur l'égalité des droits et le droit
à la différence des individus
et des groupes.*

**Activité
d'apprentissage**

Reconnaître que
l'application des droits
de l'enfant n'est pas
respectée partout
sur la planète.

⭐ **Domaine
d'apprentissage**

Enseignement moral
et religieux catholique

⭐ **Compétence transversale
d'ordre personnel et social**

Structurer son identité.

Composante

L'élève prend conscience
de sa place parmi les autres.

Préparation

Matériel

Pour l'enseignante :
- feuille reproductible 31.1, « Les droits de l'enfant »
- feuille reproductible 31.2, « Extraits du Journal de Zlata »
- http://www.ingenia.com/unac

Par équipe :
- feuille
- feuille reproductible 31.3, « S'il y avait la guerre… », agrandie 11 sur 17
- sac contenant 2 extraits différents de la feuille reproductible 31.2 (découpés par l'enseignante)
- feuille reproductible 31.1, « Les droits de l'enfant »

Structure coopérative	• pareil, pas pareil	• graffiti collectif	• partage des rôles
Formation des groupes	• dyades	• groupes de base de 4 élèves	

Préalables

L'enseignante prépare une capsule d'information sur la Déclaration des Nations Unies sur les droits de l'enfant[11].

Elle découpe les droits de l'enfant de la feuille reproductible 31.1 puis remet un « droit de l'enfant » à chaque dyade (qu'elle a formée auparavant). Elle demande aux élèves de penser à une situation qui démontre le respect ou le non-respect du droit. L'enseignante forme ensuite des groupes de 4 élèves en invitant les dyades qui ont étudié le même droit à se réunir et à partager leur compréhension. Par la suite, ils présenteront à la classe le sens qu'ils donnent à ce droit avec des exemples et des contre-exemples.

L'enseignante fait du modelage en choisissant un extrait du Journal de Zlata (feuille reproductible 31.2). Elle applique la structure pareil, pas pareil afin de démontrer aux élèves comment procéder. Elle lit l'extrait et leur demande de relever des éléments qui sont identiques à leur vécu ou différents de leur vécu. Elle décide avec les élèves d'une façon de transmettre aux autres, par écrit, les ressemblances et les différences entre les situations pour chaque extrait. Lors de la mise en commun, l'enseignante consigne sur un carton les différences et les ressemblances trouvées dans les groupes de base afin d'avoir une vue d'ensemble de tous les extraits.

11. C. Évangéliste-Perron, Martine Sabourin, Cynthia Sinagra. *Apprendre la démocratie, Guide de sensibilisation et de formation selon l'apprentissage coopératif*, Montréal, Les Éditions de la Chenelière, 1996, p. 301-303.

Compétence disciplinaire
- exprimer les sentiments susceptibles d'être éprouvés dans une situation semblable ;
- considérer des aspects de la nature humaine qui sont en cause.

Compétence transversale
- reconnaître qu'une situation comporte un enjeu moral ;
- mettre en évidence l'enjeu moral pour les personnes concernées ou la collectivité.

Activité

Amorce

L'enseignante fait vivre aux élèves l'activité *S'il y avait la guerre...* (feuille reproductible 31.3) en réalisant un graffiti collectif afin d'activer les connaissances et les affects en rapport avec la guerre.

Déroulement de l'activité

Les élèves effectuent les tâches suivantes :

1re partie : Comparer
- Se regrouper en dyades dans les groupes de base ;
- prendre le sac préparé par l'enseignante ;
- piger chacun un extrait, le lire et faire ressortir les ressemblances et les différences entre leur quotidien et celui de Zlata en utilisant la structure de discussion pareil, pas pareil ;
- consigner les informations selon la méthode choisie par le groupe de base ;
- de retour dans les groupes de base, échanger sur le résultat du travail effectué en dyades ;
- consigner les éléments de discussion sur une feuille pour le compte rendu lors de la mise en commun ;
- choisir un porte-parole ;
- participer à la mise en commun en groupe avec l'enseignante.

2e partie : Faire des liens
- Toujours en groupes de base, faire des liens entre le vécu de Zlata et les droits de l'enfant en jouant des rôles de fonctionnement ;
- remettre la feuille reproductible 31.1 au facilitateur (responsable du matériel) ;
- lire un droit et demander aux membres du groupe de décider si le droit a été respecté ou non respecté dans les extraits du journal de Zlata (facilitateur) ;
- entourer les droits non respectés dans l'extrait (scripteur) ;
- parler à voix basse (gardien du ton) ;
- échanger leur matériel contre celui d'une autre équipe (feuille reproductible 31.1 et les 2 extraits) ;
- faire une rotation des rôles ;

- vérifier le travail de l'autre groupe et rédiger un commentaire pour dire s'ils sont en accord ou en désaccord avec les choix de ce groupe.

Rétroaction

Sur les apprentissages

L'enseignante procède à la mise en commun du travail réalisé à la première étape.

Elle invite les élèves à refaire le graffiti collectif (feuille reproductible 31.3) afin de recueillir leurs nouvelles perceptions.

Sur le processus de coopération

L'enseignante demande à chaque élève de dessiner, sur une feuille, 4 formes de son choix. Elle lui dit d'inscrire dans chacune les énoncés suivants :
- J'ai trouvé difficile...
- Je suis fier ou fière de...
- Je me suis senti ou sentie... dans les groupes.
- Si je refaisais l'activité, je souhaiterais...

Considérations

- L'enseignante peut faire écouter et analyser la chanson Lettre à Zlata de Richard Séguin.
- La période de l'Halloween, où les élèves sont sensibilisés à différentes causes, serait appropriée pour réaliser cette activité.
- Dans un temps de lecture commun, l'enseignante peut faire circuler le livre Le Journal de Zlata (Zlata Filipovic. Le Journal de Zlata, Paris, Robert Laffont, 1993) afin que les élèves puissent le consulter ou en faire une lecture commune.
- Il est possible de choisir un droit dans la Déclaration universelle des droits de l'enfant dans le but de constituer un dossier sur le respect et le non-respect de ce droit ici et ailleurs dans le monde.
  - Former un groupe avec les élèves qui ont choisi le même droit.
  - Faire des sous-groupes si le nombre d'élèves ayant choisi le même droit est trop élevé.
  - Ramasser des articles de journaux, des photos, des extraits d'émissions télévisées, des témoignages, des chansons illustrant le respect ou le non-respect du droit choisi.
  - Afficher dans un lieu public.

Les droits de l'enfant

Déclaration des Nations Unies sur les droits de l'enfant (1959)[12]

En vertu de cette déclaration, tous les enfants ont les droits suivants.

❖ Le droit d'être aimés et écoutés.	❖ Le droit d'être bien nourris et de recevoir de bons services médicaux.	❖ Le droit à l'éducation gratuite.
❖ Le droit d'avoir un nom et une nationalité.	❖ Le droit de recevoir des soins spéciaux, s'ils sont handicapés.	❖ Le droit d'être parmi les premiers à recevoir du secours en cas de catastrophe.
❖ Le droit d'être utiles à la société et de développer leurs aptitudes personnelles.	❖ Le droit de grandir dans un climat de paix et de fraternité universelle.	❖ Le droit de profiter de ces droits, peu importe leur race, leur couleur, leur sexe, leur religion, leur nationalité ou leur origine sociale.

12. Tiré de : Bart Hancock *et al.*, *Cinquante ans au sein des Nations Unies*, Comité canadien pour le cinquantième anniversaire des Nations Unies, 1995, p. 1.

Extraits du Journal de Zlata

Jeudi 26 décembre 1991

Hier, c'était Noël. Nous sommes allés chez M&M (Martina et Matej). C'était formidable. Un grand sapin, des cadeaux de Noël et l'inévitable réveillon. Bokica et Andrej étaient là aussi et, surprise..., Srdjan nous a téléphoné de Dubrovnik. Tout le monde était heureux et, en même temps, triste. Nous, on était bien au chaud, avec des décorations et des cadeaux de Noël partout, avec une multitude de choses délicieuses à manger et à boire. Et lui, comme tout le monde à Dubrovnik, se trouvait plongé... dans la guerre. Cette guerre, Srdjan, elle va finir, et de nouveau nous allons nous retrouver tous ensemble !

Zlata   p. 30

Dimanche 5 avril 1992

Dear Mimmy,

J'essaie de me concentrer sur mes devoirs (un livre à lire), mais je n'y arrive absolument pas. Il se passe quelque chose en ville. On entend tirer des collines... Disons simplement que l'on sent que quelque chose va se passer, se passe déjà, un terrible malheur... mais j'ai tout le temps des crampes d'estomac et je n'arrive plus à me concentrer sur mon travail. Mimmy, j'ai peur de la GUERRE !

Zlata   p. 46

Jeudi 9 avril 1992

Dear Mimmy,

Je ne vais pas à l'école. Aucune des écoles de Sarajevo n'est ouverte. Le danger plane au-dessus des collines qui nous entourent. J'ai pourtant l'impression que le calme revient lentement. On n'entend plus les fortes explosions d'obus ni les détonations. Juste une rafale, puis le silence se refait très vite. Papa et Maman vont travailler. Ils achètent à manger en grandes quantités. Mon Dieu, je vous en supplie, faites que ça n'arrive pas...

Zlata   p. 48

Jeudi 7 mai 1992

Dear Mimmy,

J'étais presque sûre que la guerre allait s'arrêter aujourd'hui... Aujourd'hui, on a tiré un obus ou une bombe dans le parc juste à côté de la maison. Le parc où je jouais, où l'on se retrouvait pour s'amuser avec les copines...NINA, ELLE, EST MORTE. Un éclat lui a fracassé le crâne. Et elle est morte... On était ensemble à la garderie, et au parc, on jouait souvent... Nina - onze ans - victime innocente d'une guerre stupide. Je suis triste. Je pleure. Je ne comprends pas pourquoi elle est morte... Une guerre dégoûtante a tué une petite vie d'enfant... Mimmy, je t'aime.

Zlata   p. 59-61

Lundi 29 juin 1992

Dear Mimmy,

J'en ai marre des canonnades ! Et des obus qui tombent ! Et des morts ! Et du désespoir ! Et de la faim ! Et du malheur ! Et de la peur !
Ma vie, c'est ça !
On ne peut reprocher de vivre à une écolière innocente de onze ans ! Une écolière qui n'a plus d'école, plus aucune joie, plus aucune émotion d'écolière. Une enfant qui ne joue plus, qui reste sans amies, sans soleil, sans oiseaux, sans nature, sans fruits, sans chocolat, sans bonbons, avec juste un peu de lait en poudre. Une enfant qui, en un mot, n'a plus d'enfance. Une enfant de la guerre. Maintenant, je réalise vraiment que... je suis le témoin d'une guerre sale et répugnante... est-ce que je vais pouvoir redevenir écolière, redevenir une enfant contente d'être une enfant ?...

Ta Zlata   p. 82

Dimanche 5 juillet 1992

Dear Mimmy,

Je ne me rappelle plus quand je suis sortie de la maison pour la dernière fois. Pfff..., c'était il y a presque deux mois !... Je passe mon temps dans la maison et à la cave. Et ainsi s'écoule mon enfance de guerre. C'est l'été. Les autres enfants sont en vacances, à la mer, à la montagne, ils se baignent, ils bronzent, ils s'amusent. Mon Dieu, quel péché ai-je commis pour être obligée de passer le temps de cette façon-là. Les enfants ne méritent pas ça. Je suis enfermée comme dans une cage...

Zlata   p. 84-85

Extraits du Journal de Zlata (suite)

Mardi 14 juillet 1992

Dear Mimmy,

Le 8 juillet, nous avons reçu un colis des Nations unies. Aide humanitaire. Un colis avec six boîtes de corned-beef, cinq boîtes de conserves de poisson, deux fromages, trois kilos de lessive, cinq savons, deux kilos de sucre et cinq litres d'huile. Un superpaquet... Nous attendons la décision qu'aura prise le Conseil de sécurité concernant une éventuelle intervention en Bosnie-Herzégovine. Avant-hier le 12 juillet, l'eau et l'électricité ont été coupées. Et on n'en a toujours pas. CIAO!

Zlata   p. 86-87

Jeudi 19 novembre 1992

Dear Mimmy,

En politique, rien de neuf. On vote des résolutions... et pendant ce temps, nous mourons, nous gelons, nous mourons de faim, nous disons adieu à nos amis, nous laissons ceux qui nous sont le plus chers.
Dans mes camarades, dans nos amis, dans notre famille, il y a des Serbes, des Croates, des Musulmans. Ça forme un groupe de gens très mélangé, et je n'ai jamais su qui était serbe, qui était croate, qui était musulman. Aujourd'hui, la politique a mis le nez là-dedans. Elle a inscrit un < S > sur les Serbes, un < M > sur les Musulmans, un < C > sur les Croates. Elle veut les séparer. Et pour écrire ces lettres, elle a pris le pire, le plus noir des crayons. Le crayon de la guerre, qui ne sait écrire que malheur et mort.

Zlata   p. 121

Lundi 11 janvier 1993

Dear Mimmy,

Il neige. Un vrai jour d'hiver. Des flocons énormes. Si au moins je pouvais sortir un peu faire de la luge, puisque je ne peux pas monter à la Jahorina. Mais c'est la guerre, Zlata! C'est interdit par la guerre. Tu dois rester à la maison, regarder danser les flocons et être contente comme ça. Ou alors, dans ta tête, retrouver le temps d'avant, te donner un instant de bon temps, puis revenir à la réalité de la guerre... Dieu merci, ce coup-ci, nous ne sommes pas restés longtemps à la cave. Ça tire moins. Sinon, en bas, on aurait gelé...

Zlata   p. 140

Mercredi 25 novembre 1992

Dear Mimmy,

Réellement, ça tire moins. J'entends des ronflements de scie électrique. L'hiver et les coupures d'électricité ont condamné à mort les arbres centenaires qui ornaient les allées et parcs de Sarajevo. J'étais triste aujourd'hui. Je ne pouvais pas supporter de voir disparaître les arbres de mon parc... Mon Dieu! Les enfants l'ont quitté, Nina l'a quitté pour toujours, et voilà que les tilleuls, les bouleaux, les platanes le quittent aussi pour toujours. Quelle tristesse!... Je n'ai pas pu regarder. Et je ne peux plus écrire.

Zlata   p. 123

Lundi 15 mars 1993

Dear Mimmy,

Je suis à nouveau malade. J'ai mal à la gorge, j'éternue et je tousse. Et voilà bientôt le printemps... Il n'y a plus d'arbres qui se réveillent, plus d'oiseaux, la guerre a tout détruit. Plus de gazouillis printaniers... Plus de cris d'enfants, plus de jeux. Les enfants ne semblent plus être des enfants. On leur a pris leur enfance, et sans enfance, il n'y a pas d'enfants... comment est-ce que je pourrais sentir le printemps, lui qui réveille la vie, puisque ici, il n'y a pas de vie, puisque ici tout semble mort?

Ta Zlata   p. 150

Mardi 31 mai 1993

Dear Mimmy,

Je désespère. Je m'ennuie. Je déprime. Premièrement, il n'y a pas d'école à cause de la fête du Baïram. Deuxièmement: le peu de courant qu'on avait et qui venait du voisin, c'est fini; donc, plus de musique, plus de films, plus de lumière. À nouveau le noir, rien que le noir... Troisièmement: depuis jeudi, il y a de terribles bombardements. Pfff! Hier, de 4 heures du matin à 10 heures du soir. Un vrai déluge. Trois ou quatre obus à la minute. Rebonjour la cave... Voilà pourquoi je déprime. Ça va recommencer, une fois encore? Excuse-moi, je suis énervée. Ne te fâche pas, ça va passer.

Zlata   p. 169

S'il y avait la guerre...

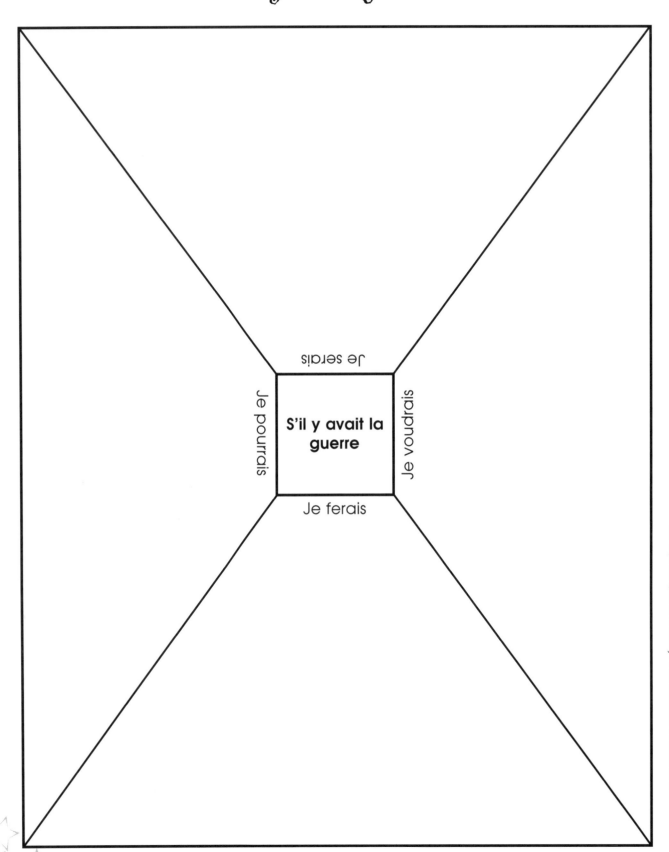

Publicité à la loupe

✪ Compétence disciplinaire

Apprécier des œuvres d'art, des objets culturels du patrimoine artistique, des images médiatiques, ses réalisations et celles de ses camarades.

Composante

L'élève examine une œuvre d'art, un objet culturel du patrimoine artistique ou une image médiatique au regard d'aspects socioculturels.

Activité d'apprentissage

Observer le langage médiatique de la publicité.

✪ Domaine d'apprentissage

Arts plastiques

✪ Domaine général de formation

Médias

L'axe de développement porte sur l'appropriation du matériel et des codes de communication médiatique, notamment sur l'utilisation de techniques, de technologies et de langages divers.

✪ Compétence transversale d'ordre intellectuel

Exercer son jugement critique.

Composante

L'élève construit son opinion.

Préparation

Matériel	***Pour l'enseignante:*** • carton ***Par élève:*** • feuille reproductible 32.1, « Message publicitaire » • 2 languettes de papier ***Par équipe:*** • feuille reproductible 32.2, « Analyse d'un message publicitaire » • feuille reproductible 32.3, « Regard sur mon travail »
Structure coopérative	• penser, pairer, partager • à tour de rôle
Formation des groupes	• groupes de base de 4 élèves • groupes d'experts
Préalables	L'enseignante demande aux élèves de regarder, d'écouter ou de lire une publicité. Ils doivent l'analyser à l'aide de la feuille reproductible 32.1 puis l'apporter en classe. Cette collecte peut s'échelonner sur quelques jours. L'enseignante attribue un numéro de 1 à 4 à chaque membre des groupes de base pour la formation des groupes d'experts. Elle remet à chaque élève la partie de la feuille reproductible 32.2 qui correspond à son numéro. Elle choisit une publicité et modélise la tâche de chacun des experts avec l'aide de quatre élèves nommés au hasard. Elle précise également la tâche des experts au retour dans leur groupe de base. Pour l'amorce, l'enseignante prépare un carton séparé en deux sections. D'un côté, elle dessine un cœur et de l'autre, un cœur marqué d'un X. Elle invite chaque groupe de base à numéroter les messages publicitaires de 1 à 4 afin de faciliter le travail des experts.

Compétence disciplinaire

- repérer certains éléments thématiques, matériels ou langagiers présents dans des œuvres d'art, des objets culturels ou des réalisations;
- comparer certains éléments thématiques, matériels ou langagiers dans des œuvres d'art, des objets culturels ou des réalisations.

Compétence transversale

- confirmer ou modifier son opinion et ses critères d'ordre éthique et esthétique.

Activité

Amorce

L'enseignante demande à chaque élève d'écrire sur une languette de papier une courte description d'une publicité qu'il aime et d'une autre qu'il n'aime pas (nom du produit, action). Par la suite, elle invite chaque élève à coller les languettes à l'endroit approprié sur l'affiche marquée d'un cœur et d'un X. Elle anime un échange sur les résultats afin de faire ressortir les raisons qui motivent les choix des élèves.

Déroulement de l'activité

Les élèves effectuent les tâches suivantes:

1re partie: Analyser

- Prendre le message publicitaire correspondant à son numéro;
- former les groupes d'experts et se diviser en 2 sous-groupes pour faciliter le travail;
- lire la tâche sur la feuille d'analyse remise par l'enseignante;
- discuter de leur compréhension du travail à effectuer;
- analyser le message publicitaire comme demandé;
- présenter le résultat aux autres experts et s'entraider en discutant pour compléter l'analyse;
- retourner dans les groupes de base et analyser les autres messages publicitaires selon la tâche dans laquelle ils sont experts;
- au besoin, demander de l'aide à un membre de leur groupe d'experts;
- pour les messages de leur groupe de base, procéder à la mise en commun de la façon suivante: à tour de rôle, informer des résultats de l'analyse des 4 messages publicitaires.

2e partie: Choisir

- Retenir un message qui plaît ou déplaît parmi les messages publicitaires analysés;
- nommer un porte-parole qui va présenter le message choisi à la classe en justifiant le choix.

Rétroaction

Sur les apprentissages

L'enseignante pose les questions suivantes aux élèves:

- Si vous aviez à préparer une publicité concernant un objet à vendre et que vous vouliez rendre votre publicité efficace, de quoi pourriez-vous vous préoccuper?
- Ces aspects ont-ils de l'importance? Pourquoi?
- La clientèle à qui s'adresse la publicité peut-elle influencer la démarche suivie pour préparer le produit final? Pouvez-vous expliquer? Donnez des exemples. Qu'est-ce qui vous touche le plus dans les messages publicitaires?

Sur le processus de coopération

L'enseignante invite chaque élève à porter un regard sur son travail (feuille reproductible 32.3).

Considérations

- La feuille reproductible 32.2, «Analyse d'un message publicitaire», peut devenir un outil d'évaluation à réaliser en coopération dans chaque groupe de base.
- L'enseignante peut proposer un débat sur la publicité à l'aide de la technique de la controverse.

Message publicitaire[13]

Prends des notes concernant un message publicitaire.

Produit : _____

Marque : _____

Musique (s'il y en a) : _____

Couleurs : _____

Combien de fois vois-tu ou entends-tu le produit ? _____

_____

Combien de fois vois-tu ou entends-tu le nom de la marque ?

_____

Le message utilise :

☐ des personnes   ☐ des animaux

☐ des dessins animés   ☐ autres

Décris comment le message utilise ces éléments. _____

_____

_____

_____

_____

_____

_____

_____

_____

13. Inspiré de : Mary Sullivan, version française de Marie Chalouh, *L'évaluation et le portfolio de l'élève*, fiches à reproduire, Les éditions Scholastic, Richmond Hill (Ontario), 1994, p. 48-49.

Analyse d'un message publicitaire

Expert ou experte 1

Réel ou réel maquillé ?

Trouve dans le message publicitaire ce qui est une situation réelle et ce qui t'apparaît être une situation construite par les concepteurs de l'annonce.

Coche le ou les cercles appropriés pour chaque message.

	Message 1	Message 2	Message 3	Message 4
Réel	◯	◯	◯	◯
Réel maquillé	◯	◯	◯	◯

Expert ou experte 2

À quoi ça sert ?

_____

_____

_____

Détermine l'intention des concepteurs du message.

Coche le ou les cercles appropriés pour chaque message

	Message 1	Message 2	Message 3	Message 4
Informer	◯	◯	◯	◯
Promouvoir	◯	◯	◯	◯
Influencer	◯	◯	◯	◯
Divertir	◯	◯	◯	◯
Faire de la propagande	◯	◯	◯	◯

Analyse d'un message publicitaire (suite)

Expert ou experte 3

Ça prend quoi ?

_____

_____

Trouve les éléments du contenu et les éléments du langage médiatique dans chacun des messages.

Coche le ou les cercles appropriés pour chaque message.

	Message 1	Message 2	Message 3	Message 4
Quel produit ?	○	○	○	○
Éléments du langage médiatique utilisés :				
– son	○	○	○	○
– image	○	○	○	○
– mouvement	○	○	○	○

Expert ou experte 4

Qu'en penses-tu ?

Réfléchis à chacun des messages et donne ton point de vue.
Réponds par oui ou non.

	Message 1	Message 2	Message 3	Message 4
Le message était-il clair ?	_____	_____	_____	_____
Le choix des couleurs convient-il ?	_____	_____	_____	_____
La grosseur de l'écriture est-elle correcte ?	_____	_____	_____	_____
La mise en page t'influence-t-elle ?	_____	_____	_____	_____

Consulte ton groupe de base et indique leurs réponses (oui, non) dans l'espace prévu pour chaque message.

Regard sur mon travail

Nom : _____

Toujours, souvent, jamais

Est-ce que j'ai compris la tâche d'expert et d'experte à réaliser ?

_____

Est-ce que je prends le temps de bien observer ? _____

_____

Est-ce que je respecte le droit de parole des autres ? _____

_____

Suis-je à mon affaire ? _____

_____

Est-ce que j'ai demandé de l'aide ? _____

_____

Ai-je aidé les autres ? _____

_____

Ai-je peur de me tromper ? _____

_____

Ai-je utilisé tout mon temps ? _____

_____

Une campagne de publicité

⭐ **Compétence disciplinaire**

Prendre position de façon éclairée sur des situations comportant un enjeu moral.

Composante

L'élève définit l'enjeu moral.

⭐ **Domaine général de formation**

Médias

L'axe de développement porte sur l'appropriation du matériel et de codes de communication médiatique, notamment sur l'utilisation de techniques, de technologies et de langages divers.

⭐ **Domaine d'apprentissage**

Enseignement moral et religieux catholique

Activité d'apprentissage

Publier les horreurs de la guerre et rendre visibles les avantages de la paix.

⭐ **Compétence transversale de l'ordre de la communication**

Communiquer de façon appropriée.

Composante

L'élève réalise la communication.

Préparation

Matériel	***Pour l'équipe :*** • feuille de papier de bricolage • feuille reproductible 33.1, «Logos et métiers» • feuille reproductible 33.2, «Critères de sélection» • feuille reproductible 33.3, «Aide-mémoire» ***Par élève :*** • feuille reproductible 33.4, «Pour voir plus clair...»
Structure coopérative	• partage des rôles • à tour de rôle • table ronde
Formation des groupes	Groupes de base de 4 élèves
Préalables	L'enseignante remet un exemplaire de la feuille reproductible 33.1 à chaque groupe de base et invite les élèves à réaliser l'activité proposée. Cette tâche permet aux élèves de comprendre que l'on apprend différemment et que l'on peut posséder des habiletés diverses et multiples. Quand tout le monde a terminé, l'enseignante fait un retour sur les associations trouvées et échange avec les élèves. Elle présente l'activité, qui complète l'activité 32, Publicité à la loupe. Elle demande aux élèves d'apporter en classe des extraits de téléjournal, des articles de journal, de revue, des objets, des photographies, des chansons, etc., sur des manifestations de guerre ou de paix à l'échelle mondiale afin de les partager lors du déroulement de l'activité. L'enseignante prépare pour chacun des groupes l'activité de la table ronde, qui permettra de relever le plus d'idées possibles sur les horreurs de la guerre et les avantages de la paix. Elle sépare une feuille en indiquant d'un côté «Horreurs de la guerre» et de l'autre «Avantages de la paix».

Compétence disciplinaire
- exprimer les sentiments susceptibles d'être éprouvés dans une situation semblable ;
- considérer les aspects de la nature humaine qui sont en cause.

Compétence transversale
- partager son message en tenant compte du contexte de l'intention, du sujet, du destinataire et de ses réactions ;
- respecter les conventions propres aux langages utilisés.

Activité

Amorce

L'enseignante s'entoure d'un groupe d'élèves et choisit avec eux une publicité qu'ils auront à reproduire devant la classe. Elle agit comme animatrice et essaie de faire ressortir l'intention, la clientèle visée, la forme, etc. Elle propose aux élèves l'activité qui consiste à publier les horreurs de la guerre et à rendre visibles les avantages de la paix.

Déroulement de l'activité

Les élèves effectuent les tâches suivantes :

1re partie : Faire émerger des idées
- En groupes de base, procéder à la table ronde en inscrivant des idées sur les horreurs de la guerre et les avantages de la paix dans l'une ou l'autre des colonnes du tableau préparé ;
- à tour de rôle, lire les idées émises par les membres du groupe et parapher les énoncés jugés importants à publier.

2e partie : Sélectionner des idées
- Encercler l'énoncé ou les énoncés qui ont recueilli le plus de paraphes ;
- faire une discussion sur l'énoncé ou les énoncés choisis et faire consensus sur la cause que le groupe veut présenter dans sa campagne de publicité en tenant compte des critères (feuille reproductible 33.2).

3e partie : Produire
- Répartir de nouveaux rôles parmi les membres des groupes : facilitateur, intermédiaire, responsable du matériel, gardien du temps ;
- établir le plan des étapes de réalisation (feuille reproductible 33.3).
- réaliser le message.

4e partie : Diffuser
- Présenter le message produit par le groupe à la clientèle choisie et sous la forme sélectionnée.

Rétroaction

Sur les apprentissages
L'enseignante pose les questions suivantes aux élèves :
- Si vous aviez la possibilité d'écrire à un enfant dont le pays est en guerre, que lui diriez-vous ? Que ressentez-vous pour cet enfant qui ne jouit pas des mêmes conditions que vous pour s'épanouir ?
- Croyez-vous que la guerre est une solution pour régler des conflits ? Expliquez votre réponse.
- Après la diffusion de votre message, recueillez les commentaires de la clientèle choisie. Analysez cette réaction en lien avec celle que vous souhaitiez provoquer. Comparez les deux.

Sur le processus de coopération
Lorsque les élèves ont fait émerger leurs idées et en ont sélectionné, l'enseignante leur fait faire une autoévaluation et une évaluation par un membre du groupe de base (feuille reproductible 33.4). Elle fait de même lorsqu'ils ont réalisé leur message publicitaire.

Considérations

- L'enseignante peut inviter les élèves à représenter un pays en situation de paix puis en situation de guerre. Cette représentation pourrait prendre la forme d'une maquette, d'une affiche.
- La campagne de publicité peut devenir un projet sur tout autre sujet et ce, à différents moments de l'année.
- Il est possible de participer à la campagne des cartes de Noël proposée par Amnistie internationale.

Logos[14] et métiers

Facilitateur ou facilitatrice	Découpeur ou découpeuse	Colleur ou colleuse	Gardien ou gardienne du ton
lis la consigne puis distribue les logos aux membres du groupe.	découpe les logos et les listes de métiers ; dépose les listes de métiers au centre de la table.	colle les logos et les métiers associés sur la feuille de papier de bricolage.	assure-toi que les élèves travaillent en parlant à voix basse.

Consigne

L'objectif est d'associer les logos aux métiers. À tour de rôle, pige une liste de métiers et lis-la à voix haute. Les autres vérifient s'ils possèdent le logo correspondant.

Logos	Métiers
	Poètes, écrivains et écrivaines, journalistes, grands orateurs et grandes oratrices.
	Athlètes, danseurs et danseuses, chirurgiens et chirurgiennes, artisans et artisanes.
	Marins, pilotes, sculpteurs et sculptrices, peintres, architectes.
	Enseignants et enseignantes, travailleurs sociaux et travailleuses sociales, comédiens et comédiennes, politiciens et politiciennes.

Logos	Métiers
	Compositeurs et compositrices, musiciens et musiciennes, chanteurs et chanteuses, chefs d'orchestre.
	Psychologues, maîtres spirituels, philosophes.
	Mathématiciens et mathématiciennes, scientifiques, détectives.

14. Bruce Campbell. *Les intelligences multiples*, Montréal, Les Éditions de la Chenelière, 1999, p. 3-4.

Critères de sélection

Réponds à toutes les questions. Ensuite, la cause choisie par ton groupe pourra faire l'objet d'une publicité.

Qui voulons-nous rejoindre dans notre message ? _____

_____

_____

_____

Quels moyens allons-nous prendre ? _____

_____

_____

_____

Quelle intention est ciblée ? _____

_____

_____

_____

_____

Quel est le matériel nécessaire ? _____

_____

_____

_____

Avons-nous ce matériel ? _____

_____

_____

_____

Aide-mémoire

Clientèle visée : _____

Intention de notre message : (informer, promouvoir, influencer, divertir, faire de la propagande)

_____

_____

Forme choisie pour diffuser notre message :

_____

_____

Tâches à partager équitablement : Qui fera quoi ?

_____

_____

Facilitateur ou facilitatrice :

_____

_____

Intermédiaire :

_____

_____

Responsable du matériel :

_____

_____

Gardien ou gardienne du temps :

_____

_____

Liste du matériel :

_____

_____

_____

Ressources à consulter :

_____

_____

Pour voir plus clair...

Nom : _____

Lis la légende, puis remplis la partie « Moi ». Ensuite, fais remplir la colonne
« Membre du groupe » par un membre de ton groupe de base.

Légende
1   pas du tout
2   un peu
3   moyennement
4   beaucoup
5   au maximum

	Moi	Membre du groupe
Faire émerger des idées et sélectionner		
J'ai écrit des idées.		
J'ai travaillé avec sérieux.		
J'ai bien joué mon rôle.		
J'ai donné mon point de vue lors de la discussion.		
J'ai manifesté une ouverture aux opinions différentes des miennes.		
Produire		
J'ai bien joué mon rôle.		
J'ai offert mon aide.		
J'ai demandé de l'aide lorsque j'en avais besoin.		
J'ai pris le temps d'aider les membres de mon groupe.		
J'ai exécuté la tâche demandée selon les décisions de mon groupe.		
J'ai partagé mes idées avec les membres de mon groupe.		
J'ai appuyé et encouragé mes partenaires.		
J'ai participé à la répartition équitable des tâches.		

ACTIVITÉ 34
Souper de famille !

⭐ **Compétence disciplinaire**

Résoudre une situation-problème mathématique.

Composante

L'élève décode les éléments de la situation-problème.

⭐ **Domaine général de formation**

Vivre-ensemble et citoyenneté

L'axe de développement porte sur l'engagement dans l'action dans un esprit de coopération et de solidarité, notamment sur le processus de prise de décision (consensus, compromis, etc.).

Activité d'apprentissage

Décoder les éléments de la situation-problème en dégageant les informations pertinentes dans une grille d'analyse.

⭐ **Domaine d'apprentissage**

Mathématique

⭐ **Compétence transversale d'ordre personnel et social**

Coopérer.

Composante

L'élève tire profit du travail en coopération.

Préparation

Matériel	*Par équipe:* • feuille reproductible 34.1, «Organisateurs graphiques» • 2 exemplaires de la feuille reproductible 34.2, «Souper de famille» • feuille reproductible 34.3, «Les tâches» agrandie 11 sur 17 • feuille reproductible 34.4, «Grille d'observation» *Par élève:* • feuille reproductible 34.5, «Autoévaluation»
Structure coopérative	Partage des rôles liés à la tâche
Formation des groupes	Groupes de base
Préalables	Dans les jours précédant l'activité, l'enseignante utilise divers organisateurs graphiques pour faciliter la compréhension de situations-problèmes à résoudre. Elle modélise l'utilisation des organisateurs graphiques et demande à chaque groupe de base de lire quelques problèmes et de les décoder à l'aide de l'organisateur graphique approprié[15]. Avant d'entreprendre l'activité, l'enseignante attribue les rôles et les modélise avec les élèves d'un groupe : lecteur, reformulateur, observateur, scripteur. Elle annonce que lors de la rétroaction, un membre de chaque groupe sera choisi au hasard pour répondre à une question de compréhension du problème.
Pistes d'observation	*Compétence disciplinaire* • dégager l'information contenue dans un diagramme, un tableau, un dessin, un schéma, une grille d'analyse ou un arbre ; • distinguer les données pertinentes des données non pertinentes. *Compétence transversale* • apprécier sa participation et celle de ses pairs à chacune des étapes ; • identifier les éléments qui ont facilité ou entravé la coopération.

15. Jocelyne Giasson. *La lecture, de la théorie à la pratique*, Montréal, éd. Gaëtan Morin, 1995.

Activité

Amorce

L'enseignante invite des élèves à discuter en groupe de problèmes qu'ils ont dû résoudre dernièrement, puis à en présenter un à la classe. Elle leur pose des questions comme les suivantes :
- Avez-vous dû résoudre un problème dernièrement ?
- Avez-vous réussi à le résoudre ? Comment ? Les problèmes existent-ils seulement en mathématiques ?
- Donnez des exemples de problèmes non mathématiques.

Déroulement de l'activité

Les élèves effectuent les tâches suivantes :
- lire chaque partie du problème (lecteur) ;
- redire dans ses mots ce qu'il comprend de chacune des parties (reformulateur) ;
- écouter et compléter leurs informations, au besoin ;
- définir les tâches à remplir pour résoudre le problème (feuille reproductible 34.3) ;
- relire le problème au besoin ;
- prendre des notes sur les actions des membres du groupe (feuille reproductible 34.4) (observateur) ;
- écrire les données qui font consensus sur la feuille de tâches (scripteur) (feuille reproductible 34.3).

Rétroaction

Sur les apprentissages

L'enseignante pose les questions suivantes aux élèves :
- Connaissez-vous les détails qui causaient des problèmes dans cette situation ?
- Est-ce que faire une lecture approfondie du problème est une bonne façon de résoudre un problème, selon vous ? Pourquoi ?
- Ce genre de problèmes peut-il se présenter dans la vie de tous les jours ?
- Si vous étiez dans ces situations, auriez-vous recours à d'autres moyens pour mieux comprendre ?
- Maintenant que vous avez bien compris le problème, seriez-vous en mesure de le résoudre individuellement ?
- Qui veut essayer ?
- Y avait-il des données inutiles dans ce problème ? Lesquelles ?

Sur le processus de coopération

L'enseignante invite les observateurs de chaque groupe à faire un rapport de leurs observations sur l'habileté à se justifier.

Elle demande ensuite aux élèves de faire leur autoévaluation (feuille reproductible 34.5).

Considérations

- L'enseignante devrait utiliser aussi souvent que possible des tableaux de lecture pour faciliter la compréhension des problèmes écrits lors d'activités coopératives. L'interaction verbale entre les élèves contribue à la compréhension, à la motivation et au plaisir de résoudre des problèmes.
- Suite à cette lecture, l'enseignante peut inviter les élèves à résoudre le problème individuellement. Ils peuvent valider mutuellement leurs solutions par la suite et justifier pourquoi ils pensent qu'ils ont bien résolu le problème ou l'inverse.

Organisateurs graphiques[16]

Énumération

Groupes alimentaires

| Céréales | Viandes | Produits laitiers | Fruits-légumes |

Séquence

◯ + ◯ + ◯ + ◯ = ☐

Description

Koala

| Famille | Apparence | Nourriture | Habitat | Comportement |

Comparaison

	Loup	Renard	Coyote
Nourriture			
Habitat			

Cause-effet

CAUSES → EFFETS

Problème de

16. Jocelyne Giasson. *La lecture, de la théorie à la pratique*, Montréal, éd. Gaëtan Morin, 1995.

Souper de famille

Souper de famille[17]

Cinq familles dégustent présentement de succulentes pizzas au restaurant de monsieur Fractionné. Chaque famille a commandé une seule pizza avec une garniture différente des autres, chacune à son tour.

Trouve dans quel ordre les familles ont commandé leur pizza. Décris ensuite la garniture et le format de chaque pizza.

La pizza aux poivrons verts a été commandée entre deux pizzas moyennes.

Une grande pizza a été commandée par les Garcia avant la pizza aux champignons.

La petite pizza, qui a été commandée la dernière, n'était pas celle aux anchois.

La pizza aux champignons a été commandée la deuxième.

Les Geoffrion ont mangé une pizza qui n'était pas moyenne.

La pizza au pepperoni a été commandée la quatrième.

Les Charbonneau ont commandé une grande pizza juste avant les Poitras.

Les Martineau ont-ils commandé la pizza au fromage ? Je vais vérifier…

Qu'en penses-tu ?

17. Michel Lyons et Robert Lyons. *Défi mathématique 5*, Montréal, Les Éditions de la Chenelière, 1997, p. 47.

Les tâches

1. De quoi parle-t-on dans ce problème ?

_____

_____

_____

_____

2. Quels sont les mots-clés à retenir et à surligner ?

_____

_____

_____

3. Quelles sont les données inutiles du problème ?

_____

_____

_____

_____

4. Est-ce un vrai problème ? Pourquoi ? Crois-tu avoir toutes les données pour le résoudre ?

_____

_____

_____

5. Que trouveras-tu après avoir résolu le problème ?

_____

_____

_____

6. Quel moyen semble le meilleur pour résoudre le problème ?
   Quelle stratégie te permettrait d'y voir clair ?

_____

_____

_____

Grille d'observation

	Membre 1	Membre 2	Membre 3	Membre 4
Pose une question				
Dit pourquoi				
Consulte une ou un partenaire				

Autoévaluation

Légende
A : facilement
B : avec de l'aide
C : difficilement

J'étais axé ou axée sur la tâche.	
J'ai joué mon rôle.	
J'ai justifié mes idées.	
J'ai respecté les consignes.	
J'étais intéressé ou intéressée à réaliser la tâche.	

Commentaires :

_____

_____

_____

_____

_____

_____

_____

_____

_____

Signature : _____

ACTIVITÉ 35

Stratèges en herbe !

⭐ **Compétence disciplinaire**

Résoudre une situation-
problème mathématique.

Composante

L'élève valide la solution.

⭐ **Domaine
d'apprentissage**

Mathématique

Activité
d'apprentissage

Valider une solution
d'une situation-problème
en utilisant des stratégies
de résolution.

⭐ **Domaine général de formation**

Vivre-ensemble et citoyenneté

*L'axe de développement porte sur
l'engagement dans l'action dans un
esprit de coopération et de solidarité,
notamment sur le processus de prise de
décision (consensus, compromis, etc.).*

⭐ **Compétence transversale
d'ordre personnel et social**

Coopérer.

Composante

L'élève interagit avec ouverture
d'esprit dans différents
contextes.

Préparation

Matériel	**Pour l'enseignante :** • feuille reproductible 35.1, « Étiquettes » • grand carton **Par équipe :** • feuille reproductible 34.2, « Souper de famille » (de l'activité 34 du présent recueil) • feuille reproductible 35.1, « Solution proposée » • feuille reproductible 35.2, « Coévaluation » **Par groupe de base :** • feuille reproductible 35.1, « Solution authentique » • feuille blanche
Structure coopérative	Partage des éléments d'informations à valider
Formation des groupes	Groupes de base de 4 élèves
Préalables	L'enseignante fait vivre aux élèves l'activité 34, Souper de famille !, qui porte sur la lecture d'un problème. Elle revoit avec les élèves les stratégies utilisées pour résoudre des problèmes. Pour ce faire, elle propose une situation problématique à chaque groupe de base. Elle demande aux élèves de privilégier une stratégie de résolution de problèmes. Cet exercice va permettre de mettre en évidence un répertoire de stratégies de problèmes. Dans les groupes de base, l'enseignante distribue à chaque élève une étiquette portant l'élément d'information du problème à vérifier : rang, famille, sorte, format (feuille reproductible 35.1).

Pistes d'observation	***Compétence disciplinaire***

Compétence disciplinaire
- utiliser des stratégies de résolution ;
- confronter constamment son travail avec les données de la situation et la tâche à réaliser ;
- élaborer une solution (traces de la démarche et résultat).

Compétence transversale
- échanger ses points de vue avec l'autre ;
- assumer ses responsabilités.

Activité

Amorce

L'enseignante remet aux groupes de base la feuille reproductible 34.2, « Souper de famille » et elle demande aux élèves de faire des prédictions concernant les divers éléments du problème, soit le rang, la famille, la sorte, le format. Elle note les prédictions sur un grand carton. Elle mentionne que leur tâche va consister à modéliser une solution possible à ce problème afin de la valider.

Déroulement de l'activité

Les élèves effectuent les tâches suivantes :
- former des groupes d'experts selon la catégorie (élément) d'information à vérifier ;
- au besoin, former des sous-groupes dans les groupes d'experts ;
- repérer, dans la solution, les réponses qui sont justifiées par l'énoncé du problème et celles qui ne le sont pas ;
- écrire sur la feuille de la solution proposée les éléments d'information du problème à vérifier dans les groupes de base ;
- revenir dans les groupes de base ;
- présenter les modifications à apporter à la solution proposée, les justifier à l'aide des énoncés du problème ;
- inclure des liens entre les divers éléments afin d'assurer la cohérence des données par une relecture du problème ;
- relire la situation-problème en suivant bien la nouvelle proposition du groupe ;
- recopier la solution sur une feuille ;
- signer la feuille en guise d'accord avec la solution proposée.

Rétroaction

Sur les apprentissages

L'enseignante revoit avec les élèves les prédictions notées lors de l'amorce et en discute. Elle fait une comparaison des diverses solutions de chacun des groupes et rassemble les groupes qui ont les mêmes résultats.

Elle forme ensuite des groupes associés pour discuter des résultats qui diffèrent. Après la discussion, elle présente la solution authentique du problème.

Sur le processus de coopération

L'enseignante reforme les groupes d'experts et demande aux élèves de faire une coévaluation de leur travail (feuille reproductible 35.2).

Étiquettes

rang	sorte
famille	format

Solution proposée

Rang	1er	2^e	3^e	4^e	5^e
Famille	Garcia	Martineau	Charbonneau	Poitras	Geoffrion
Sorte	anchois	fromage	poivrons verts	pepperoni	champignons
Format	grande	moyenne	grande	moyenne	petite

Solution authentique

Rang	1er	2^e	3^e	4^e	5^e
Famille	Garcia	Martineau	Charbonneau	Poitras	Geoffrion
Sorte	anchois	champignons	poivrons verts	pepperoni	fromage
Format	grande	moyenne	grande	moyenne	petite

Coévaluation

Légende

A : facilement

B : avec de l'aide

C : difficilement

1. _____ a exprimé des suggestions critiques de façon appropriée.	
2. _____ a accueilli des suggestions critiques.	
3. _____ a critiqué les idées et non les personnes.	
4. _____ s'est adapté ou adaptée aux changements requis.	

Commentaires :

_____

_____

_____

_____

_____

_____

_____

_____

Signature : _____

ACTIVITÉ 36
Musée de l'imaginaire d'un auteur

⭐ **Compétence disciplinaire**

Apprécier des œuvres littéraires.

Composante

L'élève recourt aux œuvres littéraires à diverses fins.

⭐ **Domaine d'apprentissage**

Français, langue d'enseignement

Activité d'apprentissage

Reconstituer l'univers imaginaire se retrouvant dans les romans d'un auteur de littérature jeunesse afin de réaliser une exposition.

⭐ **Domaine général de formation**

Orientation et entrepreneuriat

L'axe de développement porte sur la conscience de soi, de son potentiel et de ses modes d'actualisation, notamment sur le sens du travail scolaire et le goût du défi.

⭐ **Compétence transversale d'ordre intellectuel**

Mettre en œuvre sa pensée créatrice.

Composante

L'élève s'engage dans une réalisation.

Préparation

Matériel	*Pour l'enseignante:* • languettes de papier *Par élève:* • feuille reproductible 36.3, « Autoévaluation » *Par groupe de base:* • au moins 2 exemplaires d'un même roman • feuille reproductible 36.1, « Constellation du cadre du roman » • feuille reproductible 36.2 « Graffiti collectif » • 4 crayons de couleur différente
Structure coopérative	• à tour de rôle • graffiti collectif
Formation des groupes	• groupes de base de 4 personnes • dyades
Préalables	L'enseignante choisit un auteur ayant écrit plusieurs romans de littérature jeunesse. Elle s'assure de rassembler un minimum de deux exemplaires d'un même titre. L'enseignante inscrit les titres des romans choisis sur des languettes de papier afin que chaque groupe de base travaille sur un titre différent de roman. Elle modélise le cadre du roman (feuille reproductible 36.1) avec un volume de son choix afin de faciliter la compréhension des éléments du cadre. L'enseignante convient du temps et de la méthode à mettre en place pour la lecture de chacun des chapitres du roman. Selon le nombre d'exemplaires rassemblés dans le groupe de base, la lecture à tour de rôle peut se faire en classe ou à la maison. L'enseignante invite un élève de chaque groupe de base à piger une languette de papier afin de connaître le titre de l'œuvre attribuée à son groupe.
Pistes d'observation	*Compétence disciplinaire* • s'intéresser à un auteur ou à un illustrateur de littérature jeunesse ; • indiquer ses préférences individuelles à l'égard des œuvres lues, vues ou entendues. *Compétence transversale* • identifier les éléments d'originalité et d'authenticité de sa production ; • apprécier sa production en fonction de l'intention poursuivie.

Activité

Amorce

L'enseignante affiche des reproductions d'œuvres d'art et dispose des objets signifiants sur des pupitres afin de reconstituer l'atmosphère d'un musée. Elle remet des billets d'entrée aux élèves et les invite à visiter le musée créé et à apprécier quelques-uns de ces objets en raison de leur signifiance. Avec des objets anciens et des illustrations, elle peut reconstituer le souvenir d'une période de l'histoire des grands-parents, par exemple, ou celui du début de la colonie. Ensuite, elle anime un échange en s'inspirant des questions suivantes :

- Avez-vous déjà visité un musée ? Lequel ?
- Que retrouve-t-on dans un musée ?
- Pourquoi présentons-nous des expositions dans un musée ?
- Que voulons-nous y retrouver ?
- Quel est l'intérêt des gens qui visitent un musée ?

L'enseignante présente l'activité d'apprentissage.

Déroulement de l'activité

Les élèves effectuent les tâches suivantes :

1re partie : Lire

- Former deux sous-groupes et attribuer 3 parties de la feuille reproductible 36.1 à chaque sous-groupe ;
- lire le livre à tour de rôle ;
- à la fin de chaque chapitre, faire consensus sur les informations à noter dans le cadre du roman (feuille reproductible 36.1).

2e partie : Analyser

- Reformer les groupes de base ;
- reconstituer le cadre du roman à partir des informations trouvées en sous-groupes ;
- se mettre d'accord sur les parties de la feuille reproductible 36.1 en ajoutant, enlevant, modifiant, déplaçant ou précisant des éléments en vue d'améliorer la clarté et la précision du contexte.

3e partie : Décider

- Prendre un crayon de couleur et procéder au graffiti collectif (feuille reproductible 36.2) afin de définir les éléments du roman à représenter ;
- inscrire dans l'espace qui leur appartient les éléments importants à représenter, selon eux ;
- faire tourner la feuille de graffiti et parapher les énoncés écrits par les membres du groupe et les plus importants, selon eux ;
- encercler les éléments qui ont retenu l'attention d'au moins deux autres élèves ; ils constitueront : le choix des éléments à retenir ;

- décider en groupe des éléments du roman à retenir, de la manière de les fabriquer, du matériel nécessaire et des tâches de chacun.

4e partie : Exécuter

- Se mettre au travail et réaliser le tout selon les ententes conclues ;
- concevoir un guide visuel sur une banderole pour présenter le roman.

5e partie : Présenter

- Préparer l'exposition en plaçant les réalisations de leur groupe reflétant le contexte du roman ;
- présenter au public choisi.

Rétroaction

Sur les apprentissages

L'enseignante pose les questions suivantes aux élèves :

- Parmi les romans présentés dans le musée, lequel préférez-vous ? Pourquoi ?
- Est-ce que les illustrations de la page couverture et de l'intérieur du roman vous ont inspirés pour réaliser votre élément du musée ?
- Est-ce que la création du musée imaginaire vous permet de découvrir l'univers d'un auteur ? Comment ?
- L'ambiance du roman se percevait-elle dans la présentation des romans ? À quel moment l'avez-vous ressentie plus particulièrement ?
- Dans quel contexte de roman aimeriez-vous vous retrouver un jour ?
- À quel personnage vous identifiez-vous le plus ?
- Quel roman souhaitez-vous fortement lire suite à la visite de l'exposition ?

Sur le processus de coopération

L'enseignante demande aux élèves de faire leur autoévaluation (feuille reproductible 36.3).

Considérations

- L'enseignante peut reprendre le projet en faisant varier le type de livres proposés : albums, bandes dessinées, magazines, petits romans. Sans refaire toujours l'exposition, elle peut constituer un cercle littéraire de jeunes lecteurs et présenter divers modes de diffusion ou de production. Elle peut demander aux élèves de s'imaginer être les illustrateurs des romans travaillés et de présenter des illustrations que la lecture leur inspire.
- Il peut être pertinent de faire un remue-méninges sur toutes les formes possibles de présentation des éléments en intégrant, par exemple, les TIC dans l'exposition.
- Pour annoncer l'exposition, l'enseignante peut inviter les élèves à réaliser une mosaïque représentant les titres de romans travaillés et la placer à l'entrée du musée.

Constellation du cadre du roman[18]

Ambiance

Endroits

Qualités et défauts

Temps

Objets, personnages

Obstacles rencontrés et actions

18. Inspiré de : Danielle Courchesne. *Histoire de lire*, coll. Didactique, Montréal, Les Éditions de la Chenelière, 1999, p. 39.

Graffiti collectif

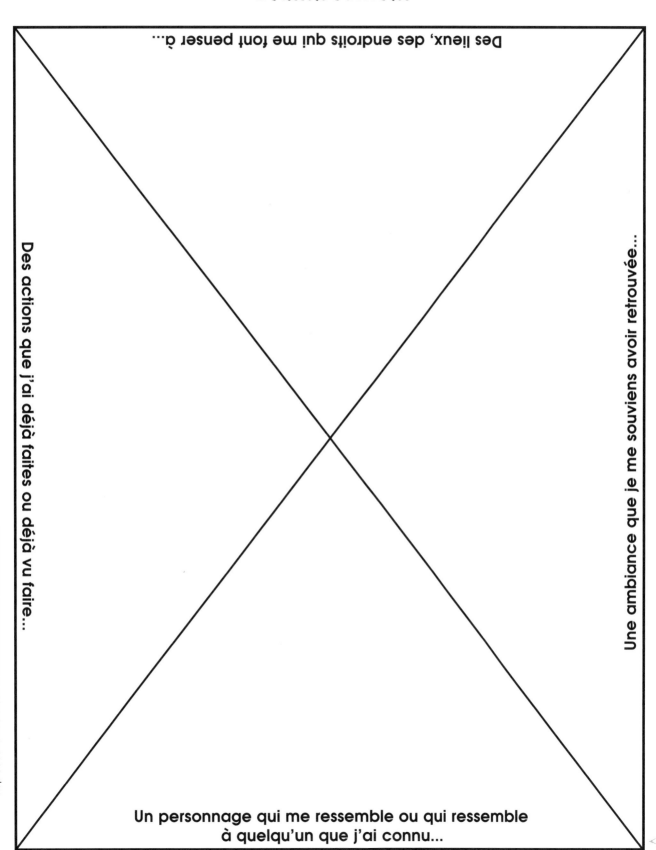

Des lieux, des endroits qui me font penser à...

Des actions que j'ai déjà faites ou déjà vu faire...

Une ambiance que je me souviens avoir retrouvée...

Un personnage qui me ressemble ou qui ressemble
à quelqu'un que j'ai connu...

Autoévaluation

Nom : _____

1. As-tu trouvé facile de partager ta compréhension de la lecture des chapitres avec une ou un autre élève ? Explique.

   _____

   _____

   _____

   _____

2. Indique de quelles façons tu as offert ton aide.

   _____

   _____

   _____

3. Décris les stratégies qui t'ont aidé ou aidée à réaliser ta partie de l'activité.

   _____

   _____

   _____

4. De quelle étape de l'activité es-tu le plus fier ou fière ?

   _____

   _____

   _____

5. Qu'as-tu trouvé le plus difficile à réaliser ?

   _____

   _____

   _____

6. Nomme quelques-unes de tes réactions lorsque les invités ont commenté l'exposition.

   _____

   _____

   _____

Le fleuve Saint-Laurent, cet inconnu !

⭐ **Compétence disciplinaire**

Écrire des textes variés.

Composante

L'élève exploite l'écriture
à diverses fins.

⭐ **Domaine général de formation**

Environnement et consommation

*L'axe de développement porte sur
la présence à son milieu, notamment
sur la sensibilité à l'environnement
naturel et humain.*

Activité d'apprentissage

Concevoir une activité de type
« Réalité ou fiction » dans laquelle
des participants doivent
déterminer si des énoncés
sont vrais ou faux à partir
de leur connaissance
et de leur compréhension
de ce milieu marin qu'est
le fleuve Saint-Laurent.

⭐ **Domaine d'apprentissage**

Français, langue
d'enseignement

⭐ **Compétence transversale d'ordre intellectuel**

Exploiter l'information.

Composante

L'élève reconnaît diverses
sources d'information.

Préparation

Matériel	***Pour l'enseignante :*** • banderole de papier • sites Internet : Explos-Nature : pages.infinit.net/explos ; www.educationnature.org ou www.cwf.fcf.org ***Par groupe informel :*** • feuille reproductible 37.1, « Tempête d'idées » • feuille reproductible 37.2, « Énoncés » ***Par élève :*** • feuille reproductible 37.3, « Regard sur notre travail en dyade »

Structure coopérative	• tempête d'idées	• à tour de rôle	• réalité ou fiction
Formation des groupes	• groupes informels de 4 élèves selon le hasard contrôlé		• dyades

Préalables L'enseignante décrit l'activité d'apprentissage et fait un remue-méninges sur le thème du fleuve Saint-Laurent. Elle consigne les mots trouvés sur une banderole de papier. Elle demande aux élèves d'apporter en classe toutes les informations qu'ils trouveront sur le fleuve Saint-Laurent. Cette collecte de données sera utile pour enrichir le contenu des énoncés de l'activité de type « réalité ou fiction ». Avant l'activité, l'enseignante attribue les rôles suivants aux élèves dans les groupes : secrétaire, gardien du temps. Elle modélise la démarche de la tempête d'idées (feuille reproductible 37.1). Elle modélise aussi la structure réalité ou fiction en donnant des exemples à partir d'un sujet de son choix. Par exemple, elle peut choisir un animal et composer deux énoncés vrais (réalité) et un énoncé faux (fiction) et faire vivre la structure. L'enseignante convient avec le groupe des modalités de présentation de l'activité réalité ou fiction à l'aide des énoncés (feuille reproductible 37.2). L'enseignante prépare une activité de méli-mélo dans le but de former des groupes informels de quatre élèves.

Pistes d'observation ***Compétence disciplinaire***
  • ajuster le contenu de son texte selon le support retenu ;
  • relire ou faire vérifier l'ensemble du texte final.
  Compétence transversale
  • regrouper l'information ;
  • appliquer l'information à la tâche.

Activité

Amorce

L'enseignante rassemble quelques-uns des produits suivants, soit un tube de pâte dentifrice, un paquet de gomme à mâcher, un litre de crème glacée, des pastilles, de la laque à cheveux, de la crème à raser, une feuille de papier glacé, une briquette de charbon de bois. Elle demande aux élèves de trouver le lien qui unit ces objets. Après quelques suppositions, elle explique que les algues sont le lien commun entre eux. Différentes substances extraites des algues apparaissent dans la liste des ingrédients de ces produits, entre autres l'agar-agar, la carraghénine, le mannitol, l'alginate. Elle cherche ainsi à démontrer que le monde marin est très présent dans notre quotidien.

Déroulement de l'activité

Les élèves effectuent les tâches suivantes:

1re partie: Faire émerger les idées

- En groupes informels, procéder à la tempête d'idées sur le fleuve Saint-Laurent (feuille reproductible 37.1);
- noter les idées émises par les membres des groupes (secrétaire);
- ensuite, à tour de rôle, parapher les mots-clés qu'ils aimeraient mieux connaître pour composer les énoncés;
- dans les documents apportés en classe, rechercher des informations sur les mots choisis afin de construire des énoncés cohérents et vérifiables. (Ex.: au mot pollution est apparu le nettoyage du fleuve. Nous le choisissons et nous allons vérifier si l'on procède à un nettoyage du fleuve et comment, en vue de composer un énoncé sur ce sujet.)

2e partie: Formuler

- Former deux sous-groupes dans le groupe informel;
- formuler des énoncés vrais ou faux et les écrire sur la feuille reproductible 37.2;
- lire les énoncés aux autres membres du groupe et ajuster les énoncés en tenant compte des commentaires reçus;
- recopier les énoncés selon le format et les modalités choisies par la classe.

3e partie: Procéder

- En groupes informels, présenter à tour de rôle leurs énoncés au groupe-classe;
- vivre l'activité réalité ou fiction.

Rétroaction

Sur les apprentissages

L'enseignante discute avec les élèves de la question suivante:

- Que pensez-vous de cette façon d'apprendre: déterminer ce que nous savons, se poser ensuite des questions sur ce que nous aimerions savoir et par la suite rendre accessible à d'autres personnes ce que nous avons compris et appris?

L'enseignante demande aux élèves d'évaluer le travail en dyade (feuille reproductible 37.3).

Sur le processus de coopération

L'enseignante pose les questions suivantes aux élèves:

- La structure réalité ou fiction vous a-t-elle permis de vous parler des informations recueillies?
- Est-ce une bonne façon d'utiliser la coopération pour formuler des énoncés?
- En quoi cela aide-t-il de parler de ce que l'on apprend?
- Y avait-il des élèves dans votre groupe qui manifestaient une habileté à formuler des questions? Comment le savez-vous?
- Est-ce que expliquer aux autres vous a permis de mieux comprendre ces informations?
- Quelles autres habiletés fallait-il pratiquer pour mener à bien cette tâche?
- Quelle étape avez-vous trouvé la plus intéressante: préparer l'activité ou la faire vivre aux autres? Pourquoi?

Considérations

- Après avoir vécu l'activité réalité ou fiction, les élèves pourraient faire les ajustements nécessaires pour offrir l'activité à un autre groupe. L'enseignante peut les guider dans la préparation d'une grille d'évaluation à présenter au groupe ciblé afin d'enrichir le projet.
- L'enseignante peut enrichir les découvertes des élèves sur le fleuve Saint-Laurent en invitant des biologistes d'Explos-Nature à présenter leurs connaissances scientifiques par le biais de l'entrée éducative «La mer en fugue» (*voir* le site Internet de Explos-Nature).

Tempête d'idées

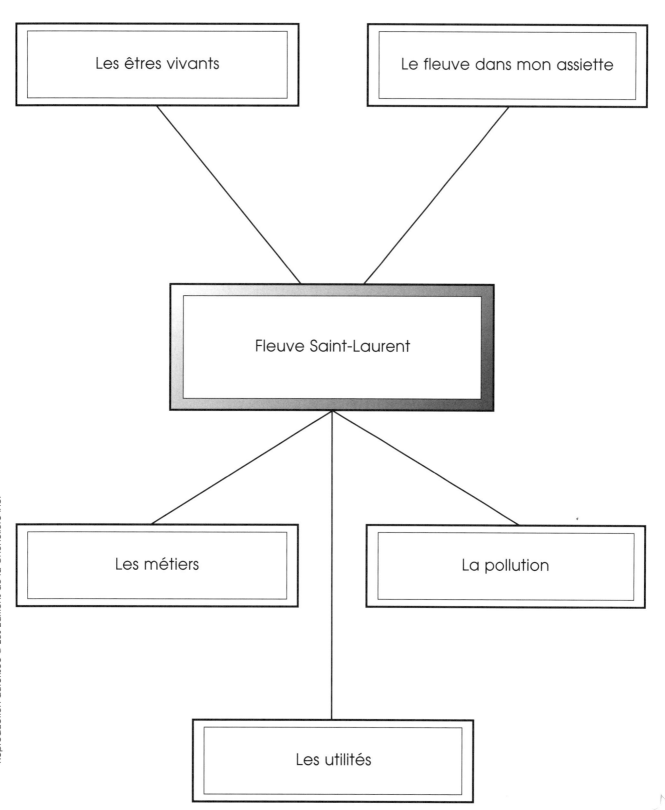

Les êtres vivants

Le fleuve dans mon assiette

Fleuve Saint-Laurent

Les métiers

La pollution

Les utilités

Énoncés

Énoncé : _____

_____

_____

_____

Réponse : ☐ Réalité ☐ Fiction

Justification : _____

_____

_____

_____

Source : _____

Énoncé : _____

_____

_____

_____

Réponse : ☐ Réalité ☐ Fiction

Justification : _____

_____

_____

_____

Source : _____

Énoncé : _____

_____

_____

_____

Réponse : ☐ Réalité ☐ Fiction

Justification : _____

_____

_____

_____

Source : _____

Regard sur notre travail en dyade

Pour chaque critère, colorie le nombre d'éléments qui correspond à ton niveau de satisfaction.

Grande satisfaction : 10 éléments
Faible satisfaction : aucun élément

Nous avons utilisé un vocabulaire varié.

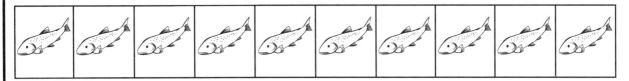

Nous avons formulé clairement nos énoncés.

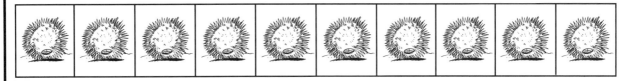

Nous avons consulté régulièrement les ressources mises à notre disposition pour réviser nos énoncés.

Nous avons choisi des idées pertinentes pour formuler nos énoncés.

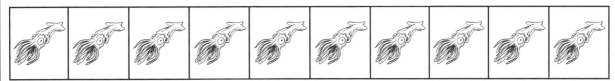

Nous avons amélioré le contenu de nos énoncés en tenant compte des propositions faites par nos pairs.

Question d'équilibre ![19]

⭐ **Compétence disciplinaire**

Proposer des explications ou des solutions à des problèmes d'ordre scientifique ou technologique.

Composante

L'élève identifie un problème ou cerne une problématique.

⭐ **Domaine général de formation**

Orientation et entrepreneuriat

L'axe de développement porte sur l'appropriation des stratégies liées à un projet, notamment sur les stratégies associées aux diverses facettes de la réalisation d'un projet.

Activité d'apprentissage

Faire des expériences afin de se questionner sur les concepts d'équilibre et de déséquilibre.

⭐ **Domaine d'apprentissage**

Science et technologie

⭐ **Compétence transversale d'ordre personnel et social**

Coopérer.

Composante

L'élève contribue au travail collectif.

Préparation

Matériel	***Pour l'enseignante :*** • carton ***Par groupe de base :*** • feuille reproductible 38.1, « Cadran des rôles » • feuille reproductible 38.2, « Drôles de postures ! » • feuille reproductible 38.3, « Avant l'expérimentation » • 4 copies de la feuille reproductible 38.4, « Expérimentation » ***Par élève :*** • feuille reproductible 38.5, « Coévaluation »
Structure coopérative	Partage des rôles liés à la tâche
Formation des groupes	Groupes de base de 4 élèves
Préalables	L'enseignante explore avec les élèves quelques lois de physique comme la gravité, la force d'attraction afin de démontrer que la nature obéit à des lois. Elle explique le cadran des rôles et le modélise à l'aide d'une expérience de son choix (voir l'activité 25, Verbes à la carte, pour le fonctionnement du cadran des rôles). L'enseignante présente les feuilles reproductibles 38.2 à 38.4 aux élèves et elle explicite la marche à suivre, qui consiste à lire l'expérience, à anticiper les résultats et à consigner ce qui se produit lors de l'expérience. Puis elle distribue ces feuilles aux groupes de base. Elle place le cadran des rôles (feuille reproductible 38.1) au centre de chacun des groupes.
Pistes d'observation	***Compétence disciplinaire*** • mettre en évidence des caractéristiques de la problématique ; • préciser en quoi consiste la problématique. ***Compétence transversale*** • accomplir sa tâche ; • respecter les règles de fonctionnement.

19. Inspiré de : Bernard Larocque et prof Scientifix. *Encore des expériences,* Sillery (Québec), Québec science, 1985.

Activité

Amorce

L'enseignante place une pile de livres pêle-mêle sur son bureau de façon à faire une tour instable. Elle anime un échange en questionnant les élèves sur les manières de placer ou de déplacer les livres afin de les mettre en équilibre. Elle note sur un carton les conclusions trouvées lors de la discussion. Cette affiche pourra être comparée aux essais. Lors de la rétroaction sur les apprentissages, les élèves pourront comparer leurs conclusions anticipées avec leurs résultats.

Déroulement de l'activité

Les élèves effectuent les tâches suivantes :

1re partie : Formuler des hypothèses

- Nommer des élèves qui joueront les rôles de lecteur et de secrétaire ;
- lire les étapes de l'expérience A (feuille reproductible 38.2) aux membres du groupe (lecteur) ;
- anticiper les résultats de l'expérience à l'aide de la feuille reproductible 38.3 ;
- écrire les réponses des élèves (secrétaire).

2e partie : Effectuer l'expérience

- Pour effectuer l'expérience, répartir les rôles décrits dans le cadran des rôles (feuille reproductible 38.1) ;
- réaliser l'expérience (feuille reproductible 38.2) ;
- noter les résultats sur la feuille reproductible 38.4 ;
- lorsque l'expérience est terminée, tourner le cadran des rôles dans le sens des aiguilles d'une montre afin d'assurer une rotation des rôles ;
- recommencer pour les expériences B, C et D.

3e partie : Synthétiser

- Après toutes les expériences, consulter les résultats de l'expérience (feuille reproductible 38.4) ;
- discuter en groupe sur les raisons de la réussite ou de la non-réussite de chacune des expériences ;
- écrire les raisons proposées par les membres du groupe à la partie « Synthèse des résultats » de la feuille reproductible 38.4 ;
- présenter chacun leur tour le travail de leur groupe.

Rétroaction

Sur les apprentissages

L'enseignante compare l'affiche réalisée lors de l'amorce avec les notes qu'elle a prises lors de la présentation des groupes. Elle demande aux élèves de mettre en évidence les ressemblances et les différences entre les conclusions anticipées et les résultats des expériences.

Avec les élèves, elle fait ressortir quelques-unes des caractéristiques communes à partir de leurs découvertes.

L'enseignante énumère les conclusions qui émergent sur l'équilibre et le déséquilibre à partir de ces expériences.

Sur le processus de coopération

L'enseignante invite les élèves à faire une coévaluation de leur travail (feuille reproductible 38.5).

Considérations

- Il est possible de poursuivre le questionnement des élèves en leur proposant de partir à la recherche de précisions dans différentes sources.
- Il serait intéressant de faire trouver aux élèves de nouvelles postures possibles et impossibles. Ils pourraient ensuite les consigner sous forme d'expériences à soumettre à d'autres classes.

Cadran des rôles

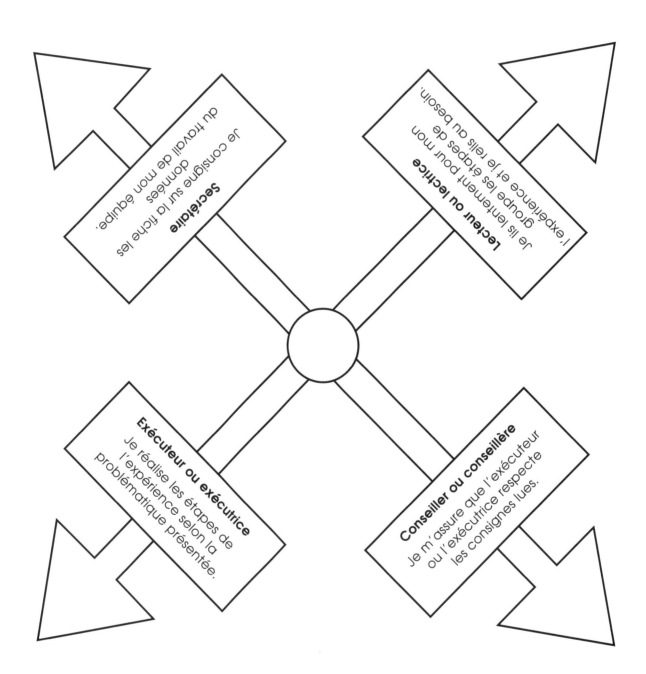

Secrétaire
Je consigne les données sur la fiche du travail de mon équipe.

Lecteur ou lectrice
Je lis lentement pour mon groupe les étapes de l'expérience et je relis au besoin.

Exécuteur ou exécutrice
Je réalise les étapes de l'expérience selon la problématique présentée.

Conseiller ou conseillère
Je m'assure que l'exécuteur ou l'exécutrice respecte les consignes lues.

Drôles de postures !

Expérience A

Matériel :
- un petit banc à 4 pattes ou une chaise

Étapes :
- Place le banc sur 2 pattes.
- Essaie de le faire tenir en équilibre.
- Es-tu capable ? Que fais-tu ?

Expérience B

Matériel :
- un mur

Étapes :
- Appuie ton pied, ta hanche et ton épaule
- contre un mur.
- Essaie de lever ton autre pied.
- Es-tu capable ? Que fais-tu ?

Expérience C

Matériel :
- un mur
- un objet tel qu'une gomme à effacer, un crayon, une brosse à tableau

Étapes :
- Place un objet par terre à une distance d'environ 40 cm du mur.
- Appuie tes fesses et tes talons contre le mur.
- Essaie de ramasser l'objet placé devant toi sans plier les genoux.
- Es-tu capable ? Que fais-tu ?

Expérience D

Matériel :
- une porte ouverte

Étapes :
- Appuie ta poitrine et ton nez contre la tranche d'une porte ouverte.
- Essaie de te lever sur le bout des pieds sans t'éloigner de la porte.
- Es-tu capable ? Que fais-tu ?

Avant l'expérimentation

	Est-ce possible ? Oui Non	Pourquoi ? (en quelques mots)
Expérience A Lecteur ou lectrice Conseiller ou conseillère Exécuteur ou exécutrice Secrétaire :	☐ ☐ ☐ ☐ ☐ ☐ ☐ ☐	
Expérience B Lecteur ou lectrice Conseiller ou conseillère Exécuteur ou exécutrice Secrétaire	☐ ☐ ☐ ☐ ☐ ☐ ☐ ☐	
Expérience C Lecteur ou lectrice Conseiller ou conseillère Exécuteur ou exécutrice Secrétaire	☐ ☐ ☐ ☐ ☐ ☐ ☐ ☐	
Expérience D Lecteur ou lectrice Conseiller ou conseillère Exécuteur ou exécutrice Secrétaire	☐ ☐ ☐ ☐ ☐ ☐ ☐ ☐	

Expérimentation

Expérience _____

Lecteur ou lectrice : _____

Conseiller ou conseillère : _____

Exécuteur ou exécutrice : _____

Secrétaire : _____

Essais	**Réussite**	**Non-réussite**

Essai 1

_____ ☐ ☐

_____

_____

Essai 2 ☐ ☐

_____

_____

_____

Essai 3 ☐ ☐

_____

_____

_____

Synthèse des résultats

_____

_____

_____

_____

_____

Coévaluation

Nom : _____

Demande à chaque membre de ton groupe de base d'évaluer les éléments selon la légende suivante :

1. Très difficilement
2. Difficilement
3. Facilement
4. Très facilement

Éléments à évaluer	Élève 1	Élève 2	Élève 3	Élève 4
Je respecte les autres.				
Je participe activement.				
Je travaille dans le calme.				
Je remplis mon rôle sérieusement.				
Je respecte les hypothèses émises par les membres de mon groupe.				

Poissons sous observation ![20]

✪ Compétence disciplinaire

Communiquer à l'aide des langages utilisés en science et en technologie.

Composante

L'élève utilise des éléments du langage courant et du langage symbolique liés à la science et à la technologie.

✪ Domaine général de formation

Santé et bien-être.

L'axe de développement porte sur le mode de vie actif et la conduite sécuritaire, notamment sur la conduite sécuritaire en toute circonstance.

Activité d'apprentissage

Faire des découvertes sur les poissons à partir d'observations, d'expérimentations ou de consultation.

✪ Domaine d'apprentissage

Science et technologie.

✪ Compétence transversale d'ordre personnel et social

Coopérer.

Composante

L'élève contribue au travail collectif.

Préparation

Matériel	*Pour la classe:*	*Par groupe de base:*

Matériel

Pour la classe:
- 2 cartons

Par élève:
- feuille reproductible 39.1, «Activation des connaissances»
- feuille lignée

Par groupe de base:
- poisson vivant
- pot transparent
- nourriture pour poissons
- petits objets ou décorations pour aquarium
- carton
- feuille reproductible 39.2, «À la découverte des poissons»
- feuille reproductible 39.3, «Révision des questions»

Structure coopérative	• partage de la tâche	• penser, pairer, partager	• à tour de rôle
Formation des groupes	• groupes de base de 4 élèves	• dyades	

Préalables   L'enseignante réunit à l'avance des documents écrits sur le déplacement, la respiration, l'alimentation et le comportement des poissons afin de les rendre disponibles lors de la consultation. Elle revoit avec les élèves les mots ou formules interrogatives : «Pourquoi? Comment? Combien? Quand? Où? Lequel? Qui est-ce qui? Est-ce que? Qu'est-ce qui?»

Elle écrit les formules interrogatives pertinentes sur un carton à afficher en classe.

L'enseignante présente aux élèves la feuille reproductible 39.2, «À la découverte des poissons» en mentionnant que les questions devront commander des réponses explicatives. Elle écrit quelques questions sur un carton en guise d'exemples (*voir* la feuille reproductible 39.2). Elle distribue cette feuille aux groupes de base, en indiquant aux élèves de découper les parties et de se les répartir: Déplacement, Respiration, Alimentation, Comportement.

L'enseignante présente aux élèves un organisateur graphique de type descriptif et modélise son utilisation. Elle précise que ce moyen peut servir à présenter les découvertes de son groupe à d'autres groupes.

Elle remet enfin un bocal contenant le poisson à observer à chacun des groupes.

20. Inspiré de : Céline Larose, France Le petit corps, Lucie Jutras, Louise Bissonnette. «Comme un poisson dans l'eau», *Mémo Mag 5*, dossier 4, milieu de vie, Boucherville, Graficor, 1993.

Compétence disciplinaire
- mettre en évidence, parmi des éléments du langage symbolique, ceux qui sont utilisés en science et en technologie ;
- faire des liens entre les nouveaux éléments liés à la science et à la technologie et ceux du langage symbolique.

Compétence transversale
- définir les tâches ;
- convenir des tâches.

Activité

Amorce

L'enseignante remet la feuille reproductible 39.1 pour l'activation des connaissances à chaque élève et demande de répondre aux questions. Elle fait suivre cette collecte d'informations par un échange en groupe de base.

Déroulement de l'activité

Les élèves effectuent les tâches suivantes :
- observer le poisson et échanger sur les questions soulevées par les quatre aspects à l'étude ;
- former deux sous-groupes d'élèves ;
- se partager la tâche en deux et rédiger ensemble, sur une feuille lignée, les questions concernant les deux aspects à étudier ;
- de retour en groupe de base, présenter à tour de rôle leurs questions oralement aux autres membres du groupe afin de faire valider le contenu et la pertinence des informations à vérifier ;
- réviser les questions à l'aide de la feuille reproductible 39.3 ;
- transcrire les questions au propre à l'endroit approprié sur la feuille reproductible 39.2 ;
- décider du moyen ou des moyens utilisés pour trouver les réponses aux questions et les indiquer au bon endroit (O pour observation, E pour expérimentation et C pour consultation) ;
- répondre aux questions qui nécessitent de l'observation et de l'expérimentation puis à celles qui demandent une consultation ;
- s'associer à un autre groupe et présenter leurs découvertes.

Rétroaction

Sur les apprentissages

L'enseignante pose les questions suivantes aux élèves :
- Avez-vous découvert des mots pouvant appartenir spécifiquement au monde des poissons ? Lesquels ?

- Pouvez-vous trouver réponses à toutes vos questions seulement par la consultation ? Pourquoi ?
- Donnez des exemples de situations où vous pourriez expérimenter, observer ou consulter pour résoudre une problématique.

Sur le processus de coopération

L'enseignante pose les questions suivantes aux élèves :
- Qu'est-ce qui était facile dans le travail en dyade ? en groupe de base ?
- Qu'aimeriez-vous améliorer une prochaine fois ?
- De quelle façon avez-vous reçu les changements proposés par les membres de votre groupe pour le contenu de vos questions ?
- Est-ce profitable de consulter des pairs pour améliorer vos productions ? Comment le voyez-vous ?
- Y a-t-il des conditions favorables à mettre en place lorsque vous souhaitez recevoir une critique de vos pairs ?

Considérations

- Lorsque l'enseignante choisit le bocal, elle doit prévoir un format facilitant le déplacement du poisson observé.
- La réalisation de cette activité en début d'année peut servir de déclencheur à l'installation d'un aquarium dans la classe. L'enseignante qui désire avoir un aquarium peut prévoir l'observation de différentes variétés de poissons et s'assurer que les conditions de la classe permettront leur survie.
- L'enseignante peut permettre aux élèves de décorer le mini-aquarium et d'apporter de la nourriture afin de prendre soin de leur poisson. L'entretien relève alors de leur responsabilité, laquelle est partagée par les membres du groupe.

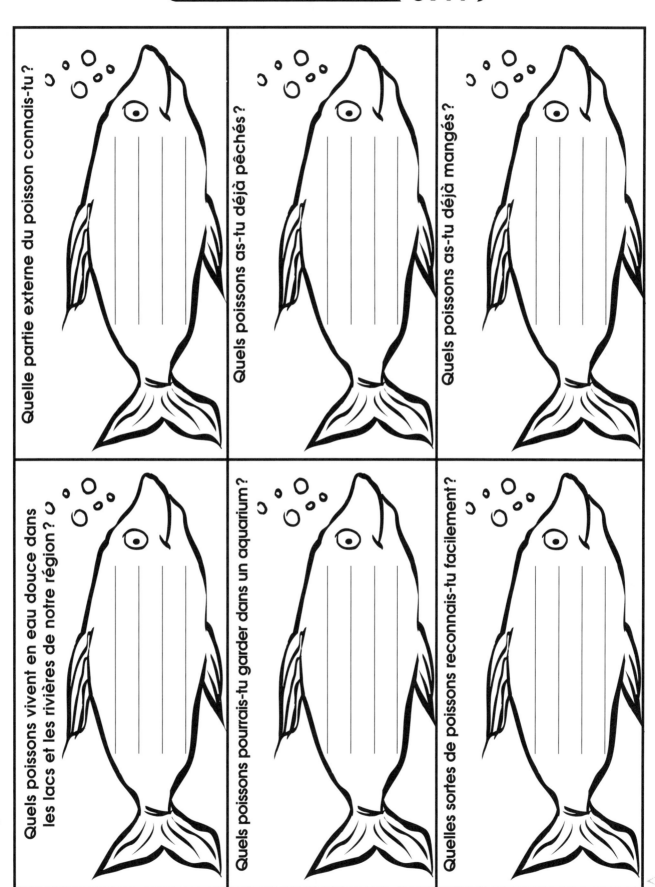

Quelle partie externe du poisson connais-tu ?

Quels poissons as-tu déjà pêchés ?

Quels poissons as-tu déjà mangés ?

Quels poissons vivent en eau douce dans les lacs et les rivières de notre région ?

Quels poissons pourrais-tu garder dans un aquarium ?

Quelles sortes de poissons reconnais-tu facilement ?

À la découverte des poissons

Déplacement

Quand le poisson est arrêté, quelle est la position de ses différentes nageoires ?

Réponse

_____

_____ ?

Réponse

Respiration

Comment les poissons respirent-ils ?

Réponse

_____

_____ ?

Réponse

Alimentation

Dans quelle position le poisson mange-t-il ?

Réponse

_____

_____ ?

Réponse

Comportement

Comment le poisson réagit-il si je mets un objet dans l'eau ?

Réponse

_____

_____ ?

Réponse

Révision des questions

Pour chacune de tes questions, vérifie les points suivants.

A) Peux-tu donner une réponse élaborée à la question ?

OUI ⤜ passe au point suivant.

NON ⤜ reformule la question pour qu'elle demande une réponse élaborée.

B) Le point d'interrogation est-il présent ?

OUI ⤜ passe au point suivant.

NON ⤜ ajoute le point d'interrogation.

C) Les formules interrogatives et les mots interrogatifs sont-ils bien orthographiés ?

OUI ⤜ passe au point suivant.

NON ⤜ effectue les corrections requises en consultant l'affiche ou une autre source.

D) Le vocabulaire est-il précis ?

OUI ⤜ passe au point suivant.

NON ⤜ trouve un synonyme, un terme plus précis.

E) Les mots sont-ils bien orthographiés ?

– Souligne les mots dont tu doutes.

– Vérifie-les dans un dictionnaire, une liste de mots, un texte.

– Fais les corrections nécessaires.

F) Les verbes sont-ils bien accordés ?

– Trouve le sujet de chaque verbe.

– Fais les accords nécessaires.

Grille d'observation au primaire

Activité : _____

CD : Compétence disciplinaire
CT : Compétence transversale
C : Composante
PO : Pistes d'observation

Nom des élèves	Compétence disciplinaire			Compétence transversale		
	CD	C	PO	CT	C	PO
1.						
2.						
3.						
4.						
5.						
6.						
7.						
8.						
9.						
10.						
11.						
12.						
13.						
14.						
15.						
16.						
17.						
18.						
19.						
20.						
21.						
22.						
23.						
24.						
25.						
26.						
27.						
28.						
29.						
30.						

AGMV Marquis

MEMBRE DE SCABRINI MEDIA

Québec, Canada
2002